신앙공동체를 위한 교육목회 이론과 실천

교회 교육 실천

엄순희 지음

쿰란출판사

머리말

"여호와는 나의 목자시니 내게 부족함이 없으리로다 그가 나를 푸른 풀밭에 누이시며 쉴 만한 물가로 인도하시는도다 내 영혼을 소생시키시고 자기 이름을 위하여 의의 길로 인도하시는도다 내가 사망의 음침한 골짜기로 다닐지라도 해를 두려워하지 않을 것은 주께서 나와 함께하심이라 주의 지팡이와 막대기가 나를 안위하시나이다 주께서 내 원수의 목전에서 내게 상을 차려 주시고 기름을 내 머리에 부으셨으니 내 잔이 넘치나이다 내 평생에 선하심과 인자하심이 반드시 나를 따르리니 내가 여호와의 집에 영원히 살리로다"(시 23:1-6).

"내가 여호와의 집에 영원히 살리로다."
 이 말씀은 나를 늘 감동시킵니다. 그리고 '하나님의 집'에 대한 이상적인 꿈을 품게 합니다. 목사로서 또 기독교 교육자로서 내가 가진 이상적인 꿈은, 하나님의 집인 교회가 '신앙이 살아 숨쉬는 신앙 공동체'가 되도록 하는 것입니다. 교회는 신앙 공동체입니다. 그 신앙 공동체 안에서 사람들은 하나님을 예배하고, 찬양하고, 생명의 말씀을 듣고, 성도들과 함께 교제하며 살아갑니다. 그리스도인에게 교회는 생명을 이어가게 하는 곳입니다. 그 안에서 모든 사람들은 새로운 생명을 얻고 힘을 받아 믿음으로 살아갑니다. 그래서 그리

교회·교육·실천
신앙 공동체를 위한 교육목회 이론과 실천

스도인들에게 교회는 이 세상 어떤 곳보다 더 소중하고 중요한 곳입니다.

  나는 늘 이러한 이상적이고 아름다운 교회의 모습을 꿈꿉니다. 그런 교회에서 사람들이 행복하게 신앙생활을 하도록 만들어 주는 것이 기독교 교육자가 할 일이라고 믿습니다. 우리의 목표는 교회가 신앙의 터전이 되게 하는 것입니다. 그래서 교회, 교육, 실천이라는 세 가지 개념을 제목으로 삼고, 부제를 '신앙 공동체를 위한 교육목회 이론과 실제'라고 했습니다. 나는 세상에서 고통당하고 신음하는 사람들이 하나님이 주시는 사랑과 평화, 소망을 누릴 수 있는 교회를 꿈꿉니다. 하나님이 나와 함께하시기 때문에, 나는 이 꿈이 이뤄질 거라고 믿습니다. 이 믿음은 내가 어려운 상황에서도 계속해서 하나님의 일을 하도록 나를 격려하고 인도했고, 지금도 마찬가지입니다.

  이 책을 따뜻하고 평화로운 교회에서 행복하게 신앙생활을 하고 싶은 모든 사람들에게 바칩니다. 그런 교회를 만들기 원하는 사람들이 이 책을 선한 도구로 사용하면 좋겠습니다.

  젊은 시절, 학교의 앞날을 염려하며 하나님께 눈물로 기도하던 이 대전신학대학교에서 가르칠 수 있는 기회를 주신 주님께 영광과 감사를 드립니다. 신앙생활, 특히 디아코니아의 모범을 보여주신 어머니 고(故) 고옥단 권사님, 책을 펴내도록 격려해 준 이종록 교수, 힘든 외국 생활과 직장 생활을 하면서도 오히려 엄마를 위로해 주는 호영과 수영, 그리고 늘 막냇동생을 걱정해 주는 오빠들과 언니들, 지금까지 함께 신앙생활 한 교회 성도들, 모두에게 진심으로 고마운 마음을 전합니다. 목회현장에서 겪는 아픔을 이겨 내고 버티게 힘을 주신, 존경하는 목회 멘토 조세핀 카메론(Josephine Cameron) 목사님, 함께 목회하는 기회를 주신 데브라 기븐(Debra Given) 목사님, 그리고 대전신학대학교의 모든 이들, 특히 사랑하는 제자들과 함께 출판의 기쁨을 나누고 싶습니다. 이 책 출판을 맡아 주시고, 편집하는 수고를 기꺼이 감당해 주신 쿰란출판사 이형규 장로님과 담당자들께도 감사하다는 말씀을 전합니다. 할렐루야!

차례

머리말 _ 02

신앙 공동체를 위한 교육목회 _ 07

마을 교회와 마을 공동체 _ 33

교육목회란 이런 것이다 _ 59

코이노니아–신앙 공동체를 위한 이론과 실천 _ 83

레이투르기아–신앙 공동체를 위한 이론과 실천 _ 123

디다케–신앙 공동체를 위한 이론과 실천 _ 155

케리그마–신앙 공동체를 위한 이론과 실천 _ 191

디아코니아–신앙 공동체를 위한 이론과 실천 _ 223

교회
교육
실천

신앙 공동체를 위한 교육목회

교회
교육
실천

  내가 30년 넘게 기독교 교육가로서 교육 사역을 해오면서 가장 중요하게 여긴 것이 있다면 그것은 하나님의 백성들이다. 긴 세월 동안 내가 고민하는 것은 다른 게 아니다.
  '어떻게 하면 그들이 진정한 그리스도인으로 변화되어, 이 세상 속에서 그리스도인답게 살도록 도울 것인가?'
  이것을 고민하다 보면 우리는 자연스럽게 그들이 누구인가를 알려고 노력하게 된다. 기독교 교육가라면 그들에 대하여, 그들이 살아가는 삶과 세상에 대하여 제대로 알려고 애쓰지 않을 수 없는 것이다. 그래서 나는 지난 세월 동안 기독교 교육가로서 그러한 상황 속에서 그들이 참 하나님의 백성답게 살게 하기 위해 가장 필요한 교육은 무엇인가를 고민해 왔다.
  기독교교육의 모든 이론들은, 그 이론을 수립한 사람들이 살았던 시대에서 하나님의 뜻을 발견하고, 하나님의 백성들로 하여금 어떻게 하면 그 뜻대로 살게 할 것인가를 깊이 성찰하고, 그 길을 찾기 위해 연구하고 실천하는 과정에서 우러나온 것들이다. 다시 말하면, 그들이 처한 시대적 상황 속에서 끈질기게 하나님을 뜻을 찾고, 그 뜻을 교육을 통해 이루려고 애쓴 결과들이라는 것이다. 그래서 모든 기독교교육 이론들은 다 그 시대적 산물이며, 그 시대를 하나님 뜻대로 살기 위해 애쓴 사람들이 보여준 헌신과 노력의 열매들이다.

그러니 그것들 모두 소중한 연구물이 아닐 수 없다.

이 시대에 기독교교육을 하는 우리들도 마찬가지다. 우리는 "우리가 살고 있는 이 시대에 가장 알맞은 기독교교육은 어떤 것인가?"를 매순간 고민한다. 사회 안에서 교회의 영향력이 점차 약해지고 다음 세대가 신앙의 대를 잇는 게 쉽지 않아서, 세상 속에서 빛을 잃어 가는 교회 공동체와 성도들의 삶을 바라보며, 생명을 살리고 교회를 거룩한 신앙 공동체로 세울 수 있는 길은 무엇인가를 우리 기독교 교육가들은 고민한다. 그러한 고민의 결과, 나는 생명을 살리고 교회를 거룩한 신앙 공동체로 세울 수 있는 교회 생활 교육 과정이 절실히 필요함을 깨달았다. 이 책에서 제시하는 교육 과정은 사람들로 하여금 예수 그리스도를 믿고, 성도들과 신앙 공동체를 형성하고, 세상 속에서 그 시대의 과제를 실천하며 살도록 돕는 중요한 지침과 도구가 될 것이라고 나는 확신한다.

21세기에는 그 어느 때보다 세계와 사회가 빠르게 변화하고 다양화되고 있는데, 그에 따라 기독교교육 이론도 변화하고 다양해졌다. 어느 한 이론이 주도하던 시대는 지나가고, 학자들이 각각 자신이 처한 상황에서 중요하다고 강조하는 내용들을 제기하면서 다양한 기독교 교육 이론들이 나타났으며, 그로 인해서 기독교교육 이론이 어느 때보다 풍성해졌다. 이렇게 등장한 다양한 이론들 중에서도 현재 한국 교회에 가장 적합하고 대안이 될 수 있는 것은 '신앙 공동체 중심의 이론'이라고 나는 생각한다. 물론 이 이론이 우리가 직면한 문제들에 대한 유일한 대안은 아니다.

교회교육에 헌신해 온 기독교 교육가 모두가 공감하는 것처럼, 지금까지 학교식 시스템(schooling system)을 통해 지적 발달만을 추구하며 기독교교육을 진행해 온 주일학교나 교회학교 방식으로는 더 이상 이 시대의 문제와 과제를 해결할 수 없다는 것은 명백하다. 이런 방식으로는 교육받은 성도들이 힘있게 세상 속에서 그리스도인답게 살아가게 할 수 없다는 것이 명약관화하다. 그래서 많은 사람이 기독교교육의 패러다임을 전환해야 한다고 주장한다. 이러한 시대적 요청을 받아들여서 기독교교육은 큰 변화를 하고 있다. 그 변화는 세 가지 양상으로 나타난다. 첫째로 개인 위주가 아니라 공동체 중심으로 전환하고, 둘째로 아동 중심의 학교식 교육이 아니라 전 교인을 대상으로 하는 교회 생활 교육 과정으로 전환하고, 마지막으로 이성과 지식 위주의 교육 방식을 탈피하고 이성과 감성의 통합, 즉 이미지와 상상력을 활용하여 창의적이고 다양한 방식들을 사용하는 것이다.

이 시대에 기독교 교육가가 맡은 임무는, 그리스도인들이 신앙의 생명력을 회복하고 그들이 모인 교회가 신앙 공동체가 되어 그리스도인으로서의 삶의 방식을 그곳에서 충분히 배우게 해주는 것이다. 그렇게 함으로써 기독교인들이 세상 속에서 하나님의 뜻을 이루어 가는 일을 힘있게 하도록 돕는 것이다. 이를 위해서는 교회 생활을 위한 커리큘럼이 반드시 필요하다. 그 커리큘럼은 단순히 배워야 할 내용을 조직하고 선별하는 기존의 커리큘럼보다는 훨씬 광범위하고 포괄적이어야 한다. 교육의 영역을 목회 전반으로 확대해서, 성도들의 삶 전체를 커리큘럼에 포함시켜야 한다는 것이다.

새로운 대안

많은 교회들이 지금까지 기독교교육을 주도해 온 지식 중심의 교육을 대체할 대안들을 찾기 위해 노력하고 있다. 우리 기독교 교육가가 부여받은 임무는 바로 그 대안들을 제시하는 것이다.

나는 대학시절 여러 교수님들로부터 기독교교육에 대한 것들을 배웠다. 하지만 그 시절 내가 해결하지 못해서 힘들어하던 큰 고민이 있었다. 내가 수업 시간에 배우는 많은 이론들을 머리로는 이해했지만, 그것을 교회에 어떻게 적용해야 하는지 전혀 알지 못해서 많이 답답해 했던 기억이 지금도 생생하다. 가르쳐주는 대로 외워서 그 이론들을 이해했지만, '그것을 내가 사역하는 구체적인 교육 현장에서는 어떻게 적용해야 할 것인가?'라는 물음이 항상 나를 떠나지 않았다.

학교를 졸업하고 교회교육 지도자로서 10년 정도 지내면서 다양한 경험을 쌓고, 총회 교육부서에 들어가서 우리 교단이 수립한 주일학교 커리큘럼에 따라 교재를 집필하고, 수많은 교사 강습회를 다닌 후에 대학원에 진학해서 그 이론들을 다시 공부할 때에야 비로소 나는 내가 배운 것들을 제대로 이해하고, 그것들을 교육 현장에 실천할 방법을 찾아낼 수 있었다. 그렇다. 기독교교육은 실천신학이다. 이것은, 기독교교육이 이론만이 아니기 때문에 이론과 실천을 병행할 때 비로소 모든 이론들이 제시하는 진정한 의미를 이해할 수 있고, 그 이론들을 현장에서 효과적으로 적용할 수 있다는 것을 의미한다.

그래서 나는 수업 시간에 학생들에게 기독교교육 이론만 가르치려고 하지 않는다. 내가 직접 실천하고 적용해 보지 않는 것들을 피상적인 학문으로만 가르치지 않으려고 항상 주의한다. 학자들이 오랜 시간 동안 연구해서 제시하는 이론 자체도 물론 중요하지만, 그 학자들이 어떤 시대적 상황 속에서 고민하며 그 이론을 펼쳤는지,

그들이 살아온 삶과 그들이 처한 구체적인 상황, 그리고 그것을 기독교 교육가로서 헤쳐 가려 애쓴 신앙적인 노력을 함께 이야기해야 한다고 나는 믿는다. 그래서 신앙 공동체 교육목회론을 쉽게 쓰려고 애썼다. 당연히 기독교교육은 학문이기 때문에 이론이 중요하지만, 이론만으로는 현장에서 실천하기 어렵다는 사실을 절감하기 때문이다. 그래서 나는 지금까지 수십 년간 현장에서 교육목회를 하며 겪은 생생한 이야기들과 교회 공동체와 마을들의 이야기를 수업 시간에 들려주면서, 학생들이 교육 이론들을 이해하도록 도왔다. 그래서 내가 하는 강의 속에는 나의 오랜 교회 생활 경험, 신학적 토대, 목회적 경험, 기독교 교육적 경험들이 다 녹아들어 있다.

나는 이 책의 아이디어들 가운데 많은 부분을 마리아 해리스(Maria Harris)가 쓴 『교육목회 커리큘럼』(Fashion Me a People)[1]에서 가져왔다. 그가 제시하는 교육목회 커리큘럼은 나로 하여금 많은 통찰을 하게 하고, 사고의 폭을 넓게 가지도록 나를 깨우쳐 주었다. 그가 제시하는 이론을 기반으로 나는 이미 여러 해 동안 학교에서 교육목회를 강의해 왔다. 실제로 오랜 동안 교회에서 목회하고 기독교 교육에 헌신해 온 나에게 마리아 해리스가 보여 주는 교육적 통찰과 실천적 방향은 많은 부분에 있어서 내가 생각하고 추구하는 것과 일치했고, 그러기에 나는 그가 이야기하는 것들에 충분히 공감할 수 있었다. 나는 마리아 해리스가 준 도움을 바탕으로 삼고, 신앙 공동체 중심의 이론을 펼친 다른 학자들의 이론도 이 책에서 함께 다루었다.

이 책은 이 시대가 요구하는 기독교 교육적 대안을 찾고자 노력

---

[1] 마리아 해리스, 고용수 옮김, 『회중 형성과 변형을 위한 교육목회 커리큘럼』(서울: 한국장로교출판사, 1997). 이 책에서는 『교육목회 커리큘럼』으로 약칭한다.

한 학문적이고 신앙적인 결실이다. 나는 기독교 교육가로서 어떻게 해서든지 이 시대에 하나님의 백성들이 하나님의 뜻대로 살고 하나님의 나라를 이루어 가게 하기 위해 고민해 온 것들과 기도를 통하여 얻은 것들을 교회, 교육, 실천이라는 세 단어를 조합한 제목(『교회·교육·실천』)으로 정리해 보았다.

기독교 교육가들이 제시하는 이론과 경험도 중요하지만 내가 기독교 교육가로서 배우고 경험한 것들도 중요하기 때문에, 그동안 내가 교육목회를 하면서 경험한 이야기들을 함께 첨가하여 교육목회 이론을 이해하는 데 도움을 주고자 한다. 여기서 내가 제안하는 교육목회 커리큘럼들이 완전한 것은 결코 아니다. 부족한 게 많을 것이다. 이 책을 출간하고 나서, 그것들은 다시 평가하고 성찰하여 또 수정하는 작업을 반드시 해야 할 것이고, 또 그렇게 하려 한다. 그러나 일단 현재 상황에서 무엇이든지 옳다고 여기는 것들을 실행해 볼 용기도 필요하다고 믿는다. 내가 이 시대 기독교교육에 대안이 될 수 있다고 여기는 교육목회 커리큘럼의 실제와 필요한 방법들을 탐구해 보고 의미들을 충분히 숙고하는 모든 과정 가운데 성령께서 나를 도와주셨다고 확신한다.

세 가지 중심 개념

1. 교회

목회자는 목회 커리큘럼을 디자인해야 한다

신학교를 졸업하고 목회현장으로 나가는 목회자 후보생마다 '나는 앞으로 목회를 어떻게 해야 할까?'를 심각하게 고민할 것이다. 그들 대다수는 부교역자 시절에 그 교회 목사님으로부터 목회를 배운다. 목회를 본격적으로 시작하기 전에 훌륭한 목사님 밑에서 바른 목회를 배우는 것은 학교에서 얻은 지식만큼 중요하다.

그러나 구체적인 목회 청사진을 만들려면, 그런 경험만으로는 부족하다. 신학교에서 배운 모든 신학적 지식과 교회에서 체득한 경험들을 토대로, 현장에서 실제로 적용할 목회 커리큘럼을 수립하고 실현하는 능력은 쉽게 터득할 수 있는 것이 결코 아니기 때문이다.

이 책 『교회·교육·실천』은 목회자들이 그런 능력을 기르도록 그들을 충분히 도와줄 수 있을 것이라고 확신한다. 많은 신학생이 내가 개설한 교육목회론 과목을 듣고 난 후에, 그 수업을 통해서 자신들이 어떻게 목회를 디자인할 것인지 알게 되었다고 고백한다. 이렇게 목회를 교육적이고 체계적으로 디자인할 수 있는 능력을 키우는 것이 바로 교육목회 커리큘럼을 배우는 목적이다.

"구슬이 서 말이라도 꿰어야 보배"라는 우리 속담처럼, 신학교에서 배운 모든 신학적 지식과 현장에서의 경험들을 통합하여 자신의 목회를 디자인해 가는 능력을 갖췄을 때, 비로소 그 목회자는 목회를 제대로 할 수 있다. 다른 사람이 실행해서 성공했다는 목회 프로그램을 배워서 자기 목회에 사용하는 것은 일시적인 도움을 줄 뿐이다. 그래서 목회자는 자신의 목회를 스스로 디자인할 수 있는 능력을 키워야 한다. 그러기 위해서는 모든 교회 생활을 기독교 교육적 관점으로 재구성하는 능력을 갖춰야 한다.

수업 시간에 어떤 학생이 "신학 공부하고 목회하는 데 기독교교육이 무슨 필요가 있느냐?"고 반문한 적이 있다. 자신은 교육전도사나 교육목사를 거치지 않고 성인 목회를 할 것이므로 기독교교육을 배울 필요를 느끼지 못한다는 것이다. 그 학생이 그렇게 말하는 까닭은, 목회는 목회이고 교육은 목회와 분리된 것으로 이해하기 때문이다. 이 학생뿐만 아니라 대다수 사람이 목회에 있어서 교육은 주일학교에서 행해지는 어린이나 청소년 교육으로 국한하는 경향을 보인다. 기독교교육학과를 줄여서 '기교과'라고 하는데, 어떤 사람들은 우스갯소리로 '기교나 부리는 과'라고 폄훼하기도 한다. 이것은 기독교교육을 아이들에게 국한하고, 교육을 테크닉으로 이해하거나 흥미로운 프로그램을 실행하는 것으로만 생각해서 발생한 편견이고 오류이다. 그들이 생각하는 것은 진정한 기독교교육이 아니다. 기독교교육은 인간의 삶 속에서 본질적이면서도 신비롭고 경이로운 것, 성취하기에는 여전히 어려운 그 무엇을 지향하는, 매우 창조적이며 교육적이며 실천적인 것들을 다 포함하기 때문이다.

그래서 기독교교육적인 관점과 재구성의 능력은 목회에도 절실히 필요하다. 교인들이 건강한 그리스도인으로 자라려면 그들을 위한 전체 교회 생활 및 활동을 위한 교육적인 커리큘럼이 필요하기 때문이다. 피상적인 판단이기는 하지만, 상당수 목회자가 주먹구구식으로 혹은 성공한 교회가 하고 있는 프로그램이나 시스템을 도입하여 임시방편으로 목회를 하고 있는 것으로 보인다. 그래서 목회가 체계적이지 못한 경우가 많다. 이러한 목회적 결점을 해결해 줄 수 있는 것이 바로 '교육목회 커리큘럼'이다. 목회자들은 교육목회가 목회 전반을 다루는 성경적 목회, 통합적 목회를 지향한다는 사실을 잊지 말아야 할 것이다.

교회는 신앙 공동체다!

교육목회 커리큘럼에서 중시하는 신앙교육의 터전은 당연히 신앙 공동체이다. 그런데 문제는 이것이다. '우리 시대 한국 교회는 신앙 공동체인가?' 자신이 속한 교회의 신앙적인 성숙도에 따라 그 대답은 달라질 것이다. 교육목회를 새로운 기독교교육의 대안으로 제시할 때, 먼저 전제해야 하는 것은 교회가 신앙 공동체라는 것이다. 그러므로 우리 시대가 요구하는 교육목회 커리큘럼을 제시하기 위해서는 신앙 공동체에 대한 이해가 반드시 필요하다.

모든 공동체는 자신만의 고유한 방식을 가지고 그 구성원들과 함께 존재한다. 한국 교회는 지금까지 한국 교회의 신앙과 교회 생활의 형태를 만들고 유지하면서, 하나님이 선택하신 거룩한 백성들로 구성된 공동체로서의 정체성을 유지하면서 살아왔다. 그러나 과거에 한국사회를 주도적으로 이끌어 오던 한국 교회는 날이 갈수록 점점 그리스도 복음이 주는 생명력을 제대로 누리지 못하고 있다. 주일날 교회에서는 그나마 성도로서 생활하지만, 교회 밖에서는 그리스도인으로서 살아가지 못하는 게 현실이다. 한국 교회는 세상에서 빛과 소금이 되는 사명을 다하지 못하고 있다. 그리스도인들을 '주일 그리스도인'(sunday christian)이라고 부른 지도 이미 오래이다.

왜 이렇게 되었을까? 그 원인은 여러 가지겠지만, 가장 먼저 꼽는 것은 교회의 교육이 변화하는 시대에 제대로 대응하지 못하였다는 것이다. 이것은 교회가 개인 중심의 신앙만을 중시한 탓이다. 한국 교회는 지금까지 개인의 신앙 성장과 자체 교인들 돌봄에만 치중해 왔다. 이제는 이러한 개인과 개교회 중심의 목회에서 방향을 전면적으로 전환해야 한다. 교회가 개인의 신앙 성장을 위해 힘썼지만, 그 개인이 공동체와 세상 속에서 생명력을 잃었기 때문이다. 그래서 최근 신학은 개인보다는 그가 속한 공동체, 교회 안의 사적 영역보다는 교회 밖의 공적 영역에 대한 관심을 보인다.

이런 흐름은 기독교교육에서도 방향 전환을 불러일으켰다. 개인의 신앙이 성장하려면, 먼저 그가 속한 교회 공동체가 신앙 공동체로 변화되어야 그 속에서 생활하며 그리스도인의 생활 태도를 배우는 개인이 변화될 수 있다는 사실을 비로소 깨달은 것이다. 그리고 공동체가 변화하려면 그 공동체의 존재 양식을 확인하는 일이 중요하다. 왜냐하면 어느 한 공동체의 존재 양식이 그 공동체 구성원들의 구체적인 삶을 형성하기 때문이다. 공동체 존재 양식은 오랜 시간을 거치면서 형성된다. 현재 교회 공동체의 존재 양식은 초대교회로부터 형성되어 내려온 것들이다. 그러므로 기독교교육이 방향 전환을 하려면 새로운 어떤 것을 창조해 내기에 앞서, 과거에 우리가 해 왔던 소중한 것들의 의미를 다시 생각해 보고 그 과정을 통하여 오늘날 우리에게 알맞은 것들을 재발견하는 작업을 해야 한다. 즉 재발견을 통한 재구성이 필요하다는 것이다. 그런 의미에서 사도행전 2장이 보여주는 초대교회의 모습을 다시 조명해 보는 것은 큰 의미가 있다고 하겠다. 그래서 처음 교회가 탄생했을 때처럼 생명력 있고 거룩한 교회 공동체의 모습을 회복하는 길을 발견해야 할 책임이 우리에게 있다.

그리스도인의 신앙은 앞에서 언급한 것처럼, 건강한 신앙 공동체에서 바르게 형성되기 시작한다. 성도들은 형식적인 커리큘럼을 통한 교수-학습의 과정에서 신앙이 성장하기도 하지만, 그가 속한 신앙 공동체 안에서 자연스럽게 배우는 사회화의 과정 또한 신앙 성장에 매우 중요하다. 우리가 이미 아는 대로, '보이지 않는 커리큘럼'(hidden curriculum) 속에서 자연스럽게 배우는 것이 교육적 효과가 훨씬 크다. 성도들은 교회 공동체의 분위기를 먹고 자란다. 그래서 기독교 교육가들이, 건강한 그리스도인을 양육하는 신앙교육에는 교육의 터전이 되는 건강한 신앙 공동체가 필수적이라고 강조하는 것이다. 내가 경험한 교회들 가운데는 상당히 바람직한 교회들도 있었지만, 정반대로 하나님의 교회라고 말하기조차 부끄러운, 인간들의 친교 집단에 불과한 곳도 많았다. 어떤 형태의 교회이든 모두 하나님의 교회인 것은 분명하다.

그러나 그 공동체의 건강함의 정도에 따라 성도들의 삶은 큰 차이를 보인다. 존 웨스터호프의 말처럼, 교회의 성도들은 교회 공동체의 분위기 안에서 저절로 배우고 사회화·문화화 되기 때문에, 건강한 신앙 공동체에서는 건강한 그리스도인이 배출되고, 반대로 건강하지 못한 교회 공동체에서는 악하고 이기적인 교인들이 자라난다는 것을 나는 직접 경험했다.

교회는 목회적 소명과 교육적 소명을 지닌 하나님의 백성들 공동체이다. 내가 기독교 교육가로서, 그리고 목사로서 늘 하는 기도 제목이 있다면, 생명을 살리고 교회 공동체를 살리는 일에 관한 것이다. 이것이 내가 받은 목회적 소명이요 교육적 사명이다. 교회는 그리스도의 몸으로서 살아 있는 유기체이다. 그리스도가 우리에게 주신 복음의 생명력을 잃지 않아야 진정한 교회이다. 그러기 위해서 우리가 해야 할 일은, 성령의 빛 아래에서 끊임없이 자신들을 조명해 보고 회개하고 새롭게 되어, 하나님의 뜻을 이 땅에 전하여 하나님의 나라를 이루어 가는 거룩한 공동체가 되도록 노력하는 것이다.

건강한 신앙 공동체는 하루아침에 형성되지 않는다. 건강한 신앙 공동체를 형성하기 위해서는, 교육목회적 관점에서 교회 공동체 전체가 행하는 교회 생활을 재조명하여 평가하고, 이것을 바탕으로 교회 생활의 형태들을 재구성하여, 교육목회 커리큘럼을 디자인하고 실행하는 과정을 오랫동안 거쳐야 한다. 이를 위해서는 우리가 지금까지 해 왔던 교회 생활의 형태들을 살펴보고, 그것들의 본질적인 의미를 밝히면서, 미래의 형태들을 창조하여 실천할 수 있는 길을 모색해야 할 것이다. 그렇게 해서 건강한 신앙 공동체를 형성하기 위한 교육목회적 교육 과정을 성도들에게 제공하는 일이 목회자의 교육목회적 소명이라고 생각한다.

현재는 여러 학문 분야에서 공동체의 개념을 더욱 깊고 새롭게 연구하고, 기독교 역시 교회 공동체를 넘어 사회공동체, 특히 지역, 마을의 개념을 중요하게 생각하고 연구하고 있다. 무엇보다 전 세계적으로 네트워크를 통한 세계화가 빠르게 이루어지면서, 지엽적인 공동체에서 더 넓은 우주공동체로 개념이 확대되고 있다. 우리 사회는 이미 디지털 기술에 기초한 전자 공동체(electric community)로 나아가고 있다. 이런 상황에서 어떤 공동체든 그 공동체가 갖는 정체성을 확고하게 하는 것이 중요하다.

신앙 공동체의 정체성

우리 교단은 몇 년 전부터 "다시, 거룩한 교회로"를 표어로 삼고, 하나님의 백성다운 거룩한 교회로의 모습으로 돌아가자고 외치고 있다. 그런데 우리 교단은 표어를 왜 그렇게 정했을까? 예전에는 거룩한 교회, 거룩한 성도로 살았지만, 지금은 한국 교회가 전혀 거룩한 교회로서, 그리고 한국 교회 교인들이 거룩한 성도로서 살지 못하기 때문일까? 그래서 다시 거룩한 하나님의 백성으로 살자고 외치는 것일까? 꼭 그런 것은 아닐 것이다. 지금까지 하나님 뜻대로 살기 위해 애썼지만 역부족인 면도 있어서, 다시 새로운 마음으로 교회의 본질과 성도의 본분을 다하기 위해 노력하자는 의미일 것이다.

그렇다면 거룩한 하나님의 백성으로 사는 것은 어떻게 사는 것일까? 우리가 다시 회복해야 할 교회의 본질과 성도의 본분은 무엇일까? 그 답을 찾으려면 '우리는 누구인가?'를 묻는 것으로 시작해야 할 것이다.

> 캐나다 동쪽에 퀘벡 시가 속한 퀘벡 주가 있다. 세계적인 관광지이자 영화촬영지답게 퀘벡 시는 고풍스럽고 아름답다. 그런데 그보다 인상적인 것은 그 도시가 속한 퀘벡 주 자동차들이 모두 '즈 므 수비엥'(Je me Souviens)이라는 프랑스어 문구 번호판을 달고 다닌다는 것이다. 이 말의 의미는 '나는 나를 기억한다'이다. 퀘벡 주 사람들은 왜 자동차 번호판에 이 글귀를 새

겼을까? 그것도 프랑스어로 말이다.

잘 아는 대로, 캐나다는 영어를 쓰는 나라이다. 그런데 퀘벡 주만 영어와 아울러 프랑스어를 사용한다. 퀘벡 주는 오랫동안 프랑스인들이 살아왔는데, 영국과의 영토 전쟁에서 패해서 결국 그곳 프랑스인들은 영국인 지배를 받아야 했다. 하지만 그들은 자신들이 프랑스인임을 잊지 않고 그 문화도 계속 유지하기로 결정했다. 그래서 그들은 물론이고 자손들도 그들이 프랑스인임을 기억하라고 주 의회 의사당 벽면에, 그리고 모든 자동차 번호판에 그 말을 새겨 놓았다. "나는 나를 기억한다"는 문구는 퀘벡 주에 사는 캐나다 거주 프랑스인(French-Canadian)들 모두를 하나로 묶어 주고, 공동체의 정체성을 확고히 하는 정신이 되었다. 그 결과 그들은 지금까지 영어와 더불어 프랑스어를 사용하며, 캐나다 안에서 그들만의 고유한 문화, 역사, 정체성을 잘 보존하며 살고 있다. 그들은 누구인가? 그들은 프랑스계 캐나다인(French-Canadian)이다. 이것이 그들의 정체성이다.

이스라엘 민족이 보여주는 정체성은 출애굽 사건에서 기인한다. 출애굽기 20장 2절은 그들의 정체성을 확실하게 밝혀 준다. "나는 너를 애굽 땅, 종 되었던 집에서 인도하여 낸 네 하나님 여호와니라." 이 구절은 하나님은 누구이고, 이스라엘은 누구이며, 하나님과 이스라엘은 어떤 관계인지를 간명하게 알려 준다.

출애굽 이야기는 이스라엘을 이스라엘 되게 하는 가장 중요한 신앙적 사건이며, 이스라엘의 정체성을 분명하게 알려 주는 이야기이다. 대를 이어서 전승해 온 출애굽 이야기를 통해서, 그들은 아무리 시간이 흘러도, 애굽 땅에서 종살이하던 자신들을 구원해 젖과 꿀이 흐르는 가나안 땅으로 인도하신 하나님을 자신들의 하나님으로, 자신들은 그 하나님의 백성들로 여기며 살아갔다. 이렇듯 공동체의 정체성과 정체성을 드러내 주는 이야기는 살아 있고 생명력이 충만하며, 계속해서 이어지고 그 공동체를 유지시키며 미래를 향해 비전을 갖고 앞으로 나아가게 한다.

여기서 보듯이, 어떤 공동체든지 정체성을 명확히 하는 것이 중요하고, 그렇게 하려면 공동체를 결속시켜 주고 정체성을 명확하게 해 주는 '공동의 기억'(communal memory)을 가지고 있어야 한다. '공동의 기억'이란 그 공동체의 모든 사람이 다 같이 인정하고 공감하는 그들만의 독특한 이야기, 그들만의 고유한 정신을 가리키는데, 그것이 그 공동체를 살아 있게 하고 생명력이 넘치게 하고 발전시킨다. 퀘벡 주에 거주하는 프랑스계 캐나다인(French-Canadian)들처럼, 우리들도 이 땅에서 함께 그리스도인으로 살아오면서, 무엇보다 한 교단에 속해 신앙생활 하면서, 우리들만 공유하는 '공동의 기억', 고유한 이야기들을 갖고 있다.

공동체의 역사와 삶

공동체를 바르게 세우려면 '우리는 누구인가?'를 아는 것, 정체성을 확실히 인식하는 것이 중요하다. 그러기 위해서는 우리가 누구인가를 확실하게 알려 주는 공동의 이야기를 알아야 한다. 그것을 알기 위해서는 '우리는 지금까지 무엇을 해왔는가?' 즉, 공동의 이야기를 구성하는 사건들을 역사적으로 되돌아보아야 한다.

그래서 역사적으로 그리스도인들의 공동체인 교회의 모습을 가장 잘 알려 주는 '사도행전 2장 42-47절'을 살펴보려 한다. 나는 이 말씀이 우리 교회 공동체의 정체성을 명확히 나타내 주고 있다고 확신한다. 이 말씀을 통해서, 우리는 거룩한 교회의 모습을 배웠고 거룩한 성도의 삶을 배웠다. 마리아 해리스는 교회의 커리큘럼의 형태들이 명명될 수 있는 최초의 사례를 사도행전에서 발견할 수 있다고 했다. 사도행전은 최초의 기독교 공동체에 대하여 상세하게 묘사하고 있고, 그 공동체는 그 시대에 맞는 여러 가지 일들을 행한 것을 보여준다. 사도행전 2장이 들려주는 초대교회는 교회사 속에서 교회 사역의 전형이 되었고, 지금까지 교회 생활의 형태를 규정짓는 데 지대한 역할을 했다.

> [42] 그들이 사도의 가르침을 받아 서로 교제하고 떡을 떼며 오로지 기도하기를 힘쓰니라 [43] 사람마다 두려워하는데 사도들로 말미암아 기사와 표적이 많이 나타나니 [44] 믿는 사람이 다 함께 있어 모든 물건을 서로 통용하고 [45] 또 재산과 소유를 팔아 각 사람의 필요를 따라 나눠 주며 [46] 날마다 마음을 같이하여 성전에 모이기를 힘쓰고 집에서 떡을 떼며 기쁨과 순전한 마음으로 음식을 먹고 [47] 하나님을 찬미하며 또 온 백성에게 칭송을 받으니 주께서 구원 받는 사람을 날마다 더하게 하시니라[2)]

이 말씀은 우리 기독교인들이 비기독교인과 다르게 사는 법, 기독교인답게 사는 근본방식을 우리에게 명확하게 알려 준다. 이 말씀을 읽으면서 우리는 사도들의 가르침을 받아, 그리스도의 사랑 안에서

---

2) 이 말씀에 근거하여, 기독교 교육학자들은 교육목회의 영역을 5가지 혹은 7가지로 나누어 교육목회 커리큘럼을 제시한다. 나는 코이노니아, 레이투르기아, 디다케, 케리그마, 디아코니아 등 5가지 영역으로 나누어 커리큘럼을 제시할 것이다.

한 공동체를 이루며, 서로를 돌아보고 함께 교제하며 기도하고 예배하는 공동체로 살았던 초대교회를 우리가 따라야 할 모델로 삼았다. 그리고 우리는 하나님의 거룩한 백성으로 산다는 것을 바로 초대교회 그리스도인들처럼 사는 것이라고 정의한다. 그래서 지금까지 기독교인들은 초대교회 교인들처럼 하나님께 예배드리고, 기도에 힘쓰며, 성찬과 세례를 행하고, 교회 공동체 안에서 교제하며, 이웃에게 헌신하면서 하나님의 백성답게 살기 위해 애써 왔다. 그렇게 살아온 우리 그리스도인들의 삶이 우리 이야기이고, 우리가 공동으로 소유한 기억이다.

우리의 삶은 우리의 이야기가 되고, 그 이야기는 다시 우리의 삶을 형성해 준다. 우리가 지금까지 교회 생활을 하면서 경험한 신앙적인 삶의 이야기들과 형태들은 우리가 살아온 과거 삶을 알려 주면서, 동시에 우리가 앞으로 어느 길로 나아가야 할 것인지를 알려 준다. 우리가 다시 거룩한 교회로 가고자 한다면, 우리가 해온 교회 생활의 경험들을 회상하고 공유하는 이야기들을 다시 하면서, 우리가 과연 복음의 본질에 합당하게 살았는지 돌아보아야 한다.

그리고 만약 우리가 본질에서 조금이라도 벗어났다면, 본질이 무엇이었는지를 다시 기억하고 재구성해서, 새로운 미래, 새로운 이야기, 새로운 공동의 기억을 만드는 작업을 해야 한다. 이 작업이 바로 교육목회를 위한 커리큘럼을 만들어 교회 생활의 형태들을 만드는 일이다. 교육목회 커리큘럼은 그리스도인들에게 제대로 된 교육 과정을 제공함으로써, 그리스도인들이 그리스도인답게 살도록 하는 삶의 방식을 배우게 할 것이다. 그리고 이렇게 배운 그리스도인의 삶의 방식으로 세상에서도 살아감으로써, 우리가 하나님의 거룩한 백성, 하나님의 거룩한 교회의 모습으로 변화될 것이라고 확신한다.

어느 유명한 미래 예측가는 "미래에 대한 가장 정확한 예측은 미래를 만드는 것이다"라고 하였다. 지금부터 사도행전 2장 42-47절 말씀 속에서 "다시, 거룩한 교회로" 나아가는 길을 찾아보자. 우리가 다시 거룩한 교회로, 거룩한 하나님의 백성들로 살 수 있는 길을 그 속에서 반드시 찾을 수 있을 것이라고 나는 확신한다.

2. 교육

교육의 패러다임 전환

포스트모던 시대에는 교육의 패러다임 변화가 필요하다. 많은 교육가들은 이성과 감성, 또는 인지와 정서, 창조성과 합리성, 논리와 직관을 명확하게 구분하는 것 자체가 데카르트적 이원론에서 비롯된 구시대적 사고방식에 지나지 않으며, 현재의 학문적 관점에서는 오류라고 주장한다.[3] 지식의 기하급수적인 증가로 인해 단일 학문 영역에서조차도 새로운 지식을 따라잡기가 어렵게 되었다. 그래서 과거처럼 단순히 지식을 암기하고 재생하는 노력은 소용이 없게 되었다. 교육학자들은 학문의 중요성을 여전히 인정하지만, 이해하고자 하는 욕구는 반드시 감각적이고 정서적인 느낌과 조화되어야 하고, 지성과 통합되어야만 한다고 지적한다. 그러면서 느낌과 직관은 합리적 사고의 방해물이 아니라 오히려 합리적 사고의 원천이자 기반이라고 그들은 말한다. 이러한 교육의 변화는 상상력을 중시하는 예술적 교육 방법의 중요성을 강조하게 되었다. 따라서 음악, 미

---

3) 임정기 외 3인, 『미술 교수 학습 패러다임의 변화와 실천을 위한 이론과 방법』(서울: 교육과학사, 2010), p. 31.

술, 신체 활동, 드라마, 멀티미디어 사용 등 다양한 교육 방법이 개발되고 발달하게 되었다. 기독교교육에서도 역시 예술적인 인식의 방법과 신비, 상상력, 상징, 예전 등이 중요한 교육학적 주제가 되고 있다.

복잡한 사회 변화와 정보통신 기술의 발달은 사람들로 하여금 기존의 교육방식으로는 미래사회에서 성공적으로 살아갈 수 없게 만들었다. 그래서 당연히 교육의 패러다임 전환이 요구된다. 이 시대는 정보의 축적과 재생이 아니라, 수많은 지식과 정보들을 선택하고 재구성하고 활용할 수 있는 능력과 함께 다른 사람과 협력할 수 있는 능력을 키우는 교육을 요청한다. 따라서 이 시대에는 지식을 받아들이는 것보다 비평하고 정보를 선별하고 해석할 수 있는 '감각이나 감수성'이 중요해진다.[4] 그러므로 이 시대 교육은 과거와는 달리 교수와 학습이 분리되지 않고, 교사와 학생, 학생과 학생 간의 상승적 상호작용이 일어나게 해야 한다. 커뮤니케이션 방법도 일방적 전달 대신 쌍방향 커뮤니케이션 방식을 취하지 않으면 실패한다는 사실을 우리는 이미 알고 있다.

폭넓은 커리큘럼에 대한 이해

이렇게 교육의 패러다임이 변화하는 시대에는, 좁은 의미의 형식적 커리큘럼을 보다 넓은 범위를 요구하는 광의의 커리큘럼으로 바꾸어야 한다. 지금까지 교회교육은 주일학교를 중심으로 발달 단계에 따라 지식 중심으로 행해져 왔다. 물론 그러면서도 배운 지식을 생활에서 실천할 수 있는 길을 모색하고 힘써 온 것이 사실이지만, 두 가지를 잘 엮는 커리큘럼을 마련하지 못했다. 이제는 커리큘

---

4) 임정기 외 3인, 『미술 교수 학습 패러다임의 변화와 실천을 위한 이론과 방법』, p. 34.

럼 안에 이 모든 삶의 과정들을 다 포함하여 커리큘럼을 짜야 한다. 마리아 해리스는 다른 이들보다 커리큘럼을 좀 더 폭넓게 제시한다. 이러한 입장이 나로 하여금 그의 이론에 공감하도록 하는 중요한 계기가 되었다.

그는 교육을 예술의 과정으로 이해한다. 토기장이가 진흙으로 토기를 빚듯이, 하나님이 하나님의 백성들을 빚으시는 일로 교육을 이해한다. 그래서 교회학교를 포함한 교회 전체를 하나의 교육하는 기관(educating institution)으로 보면서, 교회의 여러 목회적 기능들을 교육적인 관점에서 재구조화하려고 한다. 그가 보기에 교회는 '이미 교육 과정을 지닌 기관'이다.

이 책에서 나는 학교교육 방식의 커리큘럼을 지양하고, 커리큘럼을 '교회 생활의 전 과정'으로 정의한다. 그리고 신앙 공동체에 속한 구성원 전체 삶이 갖는 특징(형태)들이 커리큘럼을 형성하는 것[5]으로 본다. 또한 교회 생활을 이루는 신앙적 형태들을 만드는 교육적인 작업에 참여할 때, 우리는 그것이 커리큘럼을 형성하고, 동시에 그 커리큘럼이 우리를 형성한다[6]는 사실을 확신한다. 이러한 폭넓은 커리큘럼으로 목회해야만 오늘날 교회가 성도들을 하나님의 백성들이 되는 길로 인도할 수 있을 것이다.

---

5) 마리아 해리스, 『교육목회 커리큘럼』, p. 6.
6) 마리아 해리스, 『교육목회 커리큘럼』, p. 23.

3. 실천

건강한 교회를 추구

건강한 신앙 공동체를 형성하기 위해서, 우리는 먼저 교회가 무엇인지를 제대로 이해해야 한다. 제대로 된 교회관을 가져야 한다는 뜻이다. 올바른 교회관을 가진 교회는 건강한 교회이다. 병든 교회들은 교회관이 제대로 정립되지 않았기 때문에 생겨난다.

최근에 슬로푸드(slow food) 운동이 일어나고 있다. 빠른 시간 안에 조리해서 열량만을 충족시키는 패스트푸드(fast food)는 건강하지 못한 음식이다. 맥도날드 햄버거 같은 패스트푸드는 특징이 있다. 그것은 세계 어느 나라를 가든지 똑같은 재료를 가지고 같은 맛을 낸다는 것이다. 또한 빠른 조리시간, 싼 재료비, 높은 열량을 추구하며 값싸게 배부르게 하는 데 목표를 둔다. 이와 달리 슬로푸드는 지역마다 독특한 재료를 가지고 만들며, 조리 시간이 오래 걸린다. 그렇지만 맛이 독특하고 영양도 풍부하다. 슬로푸드는 인간을 생각하며 건강한 삶을 추구한다.

슬로푸드 운동이 일어나면서 교회도 슬로푸드의 정신을 생각하자는 운동이 일어나게 되었다. 이것이 '슬로처치(slow church) 운동'이다.[7] 슬로처치는 성장을 목표로 내달려 온 속도를 조절하면서, 천천히 교회의 본질을 회복하는 데 목표를 둔다. 그동안 성장하기 위해 앞만 보고 달렸다면, 이제는 속도를 늦추고 걷거나 자전거를 타는 것처럼 천천히 나아가며, 지금까지 존재했지만 빠른 속도 탓에 무심코 지나쳐 버린 것들을 다시 재발견하자는 것이다.

---

[7] 크리스토퍼 스미스, 존 패티슨 지음, 김윤희 옮김, 『슬로처치-예수님을 따라 신실하게 일하는 인격적 교회론』(서울: 새물결플러스, 2015).

어떤 사람이 10년 동안 동네 뒷산을 산행했다. 어느 날, 산행을 하다 문득 옆을 바라보니 지금까지 한 번도 보지 못했던 예쁜 들꽃이 눈에 들어왔다. 10년을 매일같이 지나가던 길이었지만, 한 번도 그 들꽃에게 눈길을 준 적이 없었다. 언제나 정상을 향해 달려가는 데만 목표를 두었기 때문에, 그 정상을 향해 가는 길가에 피어 있던 예쁜 들꽃들에는 관심을 두지 않았던 것이다. 우연히 그 사실을 발견하고, 자신이 그동안 산의 아름다운 모습들을 많이 놓치고 지나쳐 왔다는 사실을 깊이 깨달았다.

속도를 늦추면, 그동안 우리가 그냥 지나쳤던 것들을 재발견하고 의미를 찾을 수 있다. 이것이 '느림의 미학'이다. 그동안 교회가 짧은 시간 안에 성장하기 위하여 효율성, 예측 가능성, 통제성이라는 가치를 추구하면서 급하게 달려왔다면, 이제는 그러한 가치보다 하나님의 인내와 성실하심, 삶의 아름다움과 선함을 우선적인 가치로 삼는 교회를 생각해 볼 때이다. 무엇인가 새로운 프로그램들을 만들어 교회를 성장시켜야 한다는 책임과 부담감에서 벗어나, 하나님과 동행하는 삶을 가능하게 하는 평화로운 교회의 모습을 그려 본다. 새로운 것을 만들기 위해 고심하며 우리의 에너지를 소진하기보다는, 지금 우리 근처에 존재하지만 우리가 인식하지 못했던 것들을 찾아내는 일이 중요하다. 미래로 나아갈 길을 형성할 재료들이 우리 주변에 분명히 많이 있을 것이다.

우리의 교회 생활을 다시 조명해 보면, 거기서 새로운 희망을 얻을 수 있을 것이라고 믿는다. 그리고 재조명을 통해 무엇을 재발견할 수 있을지 생각하고, 그것을 찾기 위해 씨름하고, 그것을 발견한

다음 새로운 의미를 부여하는 작업이 우리에게 절실히 요구된다. 자, 이제 빠르게 성장하는 교회에서 건강한 교회로 목표를 바꾸자.

유일한 길은 없다

21세기에 들어서, 가르침에 기초한 신념 교육, 영성 교육, 사회과학에 근거한 전문적 교육, 신앙 공동체 교육, 사회 변혁을 위한 교육 등 기독교 교육학자들이 시대를 진단하여 내놓은 다양한 기독교교육 이론들이 등장했다. 기독교 교육학자들은 포스트모던 시대에 대한 대안적 기독교 교육학적 이론들을 펼치기 위해, 문화의 요청과 신학적 전통들의 통합, 사람들의 경험을 기독교 교육학적으로 다루기 위해 노력하고 있다. 이 책에서는 그 모든 이론을 다 다루지는 못했다. 생명을 살리고 교회 공동체를 살리는 길을 교육목회적 관점에서 찾고 실행할 수 있게 해주는 커리큘럼을 정리하는 데 초점을 맞추었기 때문이다.

우리가 관심을 두는 것은, 종교가 개인들의 미래와 인간 공동체들과 피조세계에 어떻게 기여할 수 있을까를 질문하고 그 해답을 발견하려는 열정이다. 기독교교육은 여러 학제 간의 협력 작업을 절실히 요구하는 학문이다. 그리고 그 목적은 사람을 변화시키는 것이다. 생명력이 살아 있는 신앙 공동체 안에서, 그리스도인들은 하나님의 놀라운 사랑과 세상을 변화시키는 힘을 공급받아, 모든 이가 평화롭게 함께 살아가는 세상을 만들어 갈 것이다.

기독교교육은 사람들이 그리스도인으로서 믿음을 가지고 살아가도록 도와주는 것이어야 한다. 그래서 목회자와 교육자들은 성도들의 신앙교육을 어떻게 하고 있는지, 그 신앙교육을 위하여 우리가 사용하는 성경과 신학, 신앙 전통, 삶의 경험들을 어떻게 연결하면서 그리스도인으로 살아가도록 변화시키고 돕고 있는지에 대한 근본적인 질문들을 끊임없이 하면서 올바른 길을 찾아내려고 노력해야만 한다.[8]

---

8) 잭 L. 세이무어, 고용수 옮김, 『기독교교육의 지도 그리기』(서울: 한국장로교출판사, 2001), pp. 9-10.

그룹 토의

1. 자신의 신앙 자서전(faith autobiography)을 써보라. 현재의 신앙이 형성되기까지, 여러분에게 영향을 준 것들을 생각해 보라(예를 들면, 부모님, 목사님, 전도사님, 주일학교 선생님, 친구, 중·고등부 수련회, 예배, 기도, 성경 말씀과 설교, 실존적 신앙경험 등).

2. 교육은 형성과 변형이 끊임없이 역동적으로 발생하는 과정이다. 이러한 변화의 과정에서 필요한 것은 형식적 커리큘럼만이 아니라, 개인의 전체 삶과 그가 속한 모든 공동체의 이야기, 전통, 추구하는 목표 등 공동체가 지향하는 가치들이다. 기독교교육을 위하여 필요한 요소들은 무엇이 있는가?

교회
교육
실천

마을 교회와
마을 공동체

교회와 마을은 동일 공간이다

●●●

내가 어린 시절에 다녔던 교회는 마을 교회였다. 그 교회에서 나는 하나님을 예배하고 성경을 배우고, 따뜻하고 정겨운 성도들과 신앙생활을 함께했다. 그들과 함께 교회 생활을 하면서 내 신앙은 자연스럽게 성장했다. 그 교회에서 나는 기도하는 법을 배웠는데, 특별한 교육 시간이 아니라 교회당에서 늘 기도하시는 권사님들과 집사님들을 통해서 기도를 배웠다. 그리고 성도들과 신앙생활을 함께하면서, 나는 예수 그리스도가 내 삶의 주인이 되신다는 것이 어떤 의미인지를 배웠다. 교회는 내 생활의 터전이었다. 나에게 교회나 내가 사는 동네는 모두 동일한 생활 공간이었지 분리된 공간이 아니었다. 교인들은 모두 그 동네 사람들이었고, 그들은 서로 왕래하며 신앙의 교제를 하고, 어려운 일이 생기면 서로 기도하고 위로해 주었다. 그 시절 나에게 학교와 마을, 그리고 교회는 하나로 연결되어 있었다. 교회는 나에게 예배공동체, 기도공동체, 친교공동체, 삶을 함께하는 공동체였다.

최근 들어 대한예수교장로회 통합교단이 교회를 살리는 대안으로 '마을 목회', '마을 교회'를 이야기하는 것은 새로운 게 아니다. 내가 기억하는 어린 시절의 교회는 마을 교회였다. 교회는 마을 안에 있었고, 마을의 사람들과 소통하며 존재했기 때문이다.

나는 개인적으로 마을 목회를 지향한다. 어느 목사님이 교회 성장학을 강의하면서, 교회가 위치한 동네 이름을 따서 교회 이름을 짓는 것은 바람직하지 않다고 주장하는 것을 들은 적이 있다. 교회는 그 동네만이 아니라 다른 지역까지 전도와 선교 대상에 포함해야 하고, 그 교회가 위치하는 지역을 넘어서는 이름을 지어야 그 지역을 넘어서 크게 성장할 수 있다고 주장했다. 물론 교회 이름을 짓는 것은 해당 교회 소관이고, 교회가 위치한 지역명을 반드시 따라야 한다는 법은 없다. 하지만 그 목사님이 내세운 논리는 옳지 않다. 왜냐하면 교회는 교회가 위치한 지역과 밀접한 관계를 맺고, 그 지역 사람들과 더불어 살면서, 그 지역에 예수 그리스도를 전파하고, 그곳에서 하나님 나라를 이루어 가야 하는데, 그가 주장하는 교회 작명 논리는 그 일을 제대로 하지 못하게 하고, 교회가 위치한 지역보다는 다른 지역에 더 관심을 가짐으로써 교회와 교회가 속한 지역을 분리하게 하기 때문이다.

교회가 세계교회 이전에 마을 교회가 되어야 하는 이유는 무엇인가? 각 교회 성도들이 발을 붙이고 살아가는 그 마을 안에서 이웃들과 함께하면서, 그 마을에서 하나님의 뜻을 펼치고, 그곳에서 하나님의 나라를 이루는 일에 최선을 다해야 하는데, 한국 교회는 점차 이 일에 소홀히 하는 모습을 보인다. 꽤 오랜 동안 교회들은 교회 공동체 안의 교인들만을 돌보는 교회 중심 목회에 치중하고, 마을과 긴밀한 상호 관련을 가지려 하지 않았다. 그 결과, 교회는 교인들을 신앙적으로 제대로 교육하지 않아서, 성도들은 교회 안에서는 활발하게 신앙생활을 하는 것 같지만, 교회 밖을 나가서는 교회에서 배우고 활동했던 것들과 관계없는 삶을 살아가는 현상이 발생했다. 그러다 보니 성도들은 교회 안과 교회 밖의 생활을 일치시키지 못하고, 신앙적인 차원에서 자신들이 살고 있는 마을과 관계를 맺지 않고 살아가는 것을 당연하게 여기게 되었다. 한국사회는 성도들의 이런 모습을 개인 중심적인 신앙으로 보고, 교회가 사회에서 빛과 소금의 역할을 하지 못한다고 비난한다.

요즘 발생하는 가장 큰 문제는 청년들이 자꾸 교회를 떠난다는 것이다. 교회가 그들에게 빛이 되어 주지 못하기 때문이다. 그들은 교회가 위치하는 마을에 교인들이 관심을 갖기를 기대한다. 그래서 그들이 더불어 살 수 있는 마을로 만들어 주기를 소망한다. 그들이 원하는 마을은 "사람들이 존중받고, 사회복지, 노동복지, 학습복지가 잘된"[9] 곳이다. 한마디로 아이들을 잘 교육할 수 있고, 마을 사람들이 사람답게 살아갈 수 있는 환경을 가진 동네가 되기를 원하는 것이다. 그들은 사람이 살 만한 세상을 꿈꾼다. 그 일을 위해 교회가 나서기를 바란다.

그러나 청년들은 한국사회는 물론이고 한국 교회에서도 전혀 희망을 발견하지 못한다. 그래서 그들은 한국사회가 리셋(reset, 되돌리기)하면 좋겠다고 말한다. 아직 한국사회는 함께 잘살아야 한다는 생각을 적극적으로 하지 않는 것으로 보인다. 공생·공존·공영을 추구하기보다는 각자도생(各自圖生)을 부르짖으며, 극도의 이기주의를 부추기고 극심한 경쟁을 유발함으로써 흙수저, 금수저, 갑질이라는 괴상한 용어들이 유행할 만큼 한국사회는 공동체성이 파괴되었다.

---

9) 조한혜정, 『다시 마을이다: 위험에서 살아남기』(서울: 또 하나의 문화, 2012), pp. 129-145.

이런 현실에서 교회는 무엇을 해야 하고, 어떻게 존재해야 하는가?

마을·교회·공동체

교회는 마을과 함께하는 공동체로 존재하려고 해야 한다. 원래 교회는 한마을에 사는 사람들 가운데 예수 그리스도를 주로 고백하는 사람들이 모여서 하나님을 예배하고 말씀을 듣고, 흩어져서 세상으로 나아가 예수 그리스도의 말씀대로 이웃을 섬기고 봉사하며 살면서, 그 지역에 그리스도의 복음을 선포하고 실천해야 할 사명을 부여받았다. 그래서 교회는 마을과 그 안에서 살아가는 사람들과 유대하며 살아가야 한다. 이것은 교회가 마을을 위해 사회봉사를 베푸는 것만을 의미하지 않는다. 많이 가진 자가 적게 가진 자에게 자선을 베풀 듯 그렇게 교회가 마을을 대하는 것은 옳지 않다. 교회가 마을 속에 있음을 명확하게 인지하고, 마을을 이루는 하나의 구성요소로써 다른 구성요소들과 함께 마을 공동체를 이루며 살아가려고 해야 한다.

과거에 한국 교회는 마을 목회나 마을 공동체 형성에 관심을 가졌지만, 1970년대부터는 지역사회와 무관하게 교회의 성장에만 관심하는 교회로 변해 갔다. 이제라도 한국 교회가 교회의 역할을 제대로 하려면 마을 목회로 돌아가야 한다.

조용훈은 마을 목회의 기본 개념은 공동체성과 지역성에 있다고 한다.[10] 그래서 한국 교회가 마을 목회를 하기 위해서는 공동체성과 지역성을 회복해야 한다고 말한다. 먼저 지역성을 회복하려면 좋은

---

10) 조용훈, 『마을 공동체와 교회 공동체』(서울: 도서출판 동연, 2017), p. 18.

마을 만들기를 해야 하고, 마을 공동체 회복을 위한 운동에 지역 교회가 적극적으로 참여해야 한다. 이렇게 하는 것만이 성장이 멈추고 한계에 부딪힌 한국 교회가 찾아낼 수 있는 새로운 목회적 대안과 선교 전략이라고 조용훈은 주장한다.

본래 교회는 개인이 아니라 공동체이다. 기독교는 관계성을 중시하는데, 그것은 신관에서도 드러난다. 삼위일체론은 성부와 성자, 성령이 교제와 사귐 속에 존재하심을 보여준다. 언약 사상도 그렇다. 언약, 즉 계약은 하나님과 인간 사이가 법적인 관계로 맺어졌음을 가리킨다. 성경은 관계를 파기하고 공동체를 깨뜨리는 행위를 죄로 규정하고, 이로 인한 심판을 선언한다. 하나님이 행하시는 구원은 관계를 회복하고 공동체를 재건하는 것을 가리킨다. 이는 중풍병으로 고통당하는 친구를 위해 네 친구가 협력하는 이야기에서 명확히 드러나는데, 한 개인을 '치유'하는 데 공동체가 중요한 역할을 하는 것을 잘 보여준다(마 9:1-8; 막 2:1-12; 눅 5:17-26).[11] 이렇듯 교회는 본질적인 면에서 공동체로 존재한다.

최근에 한국사회도 공동체성 해체를 자각하면서, 공동체성을 회복하기 위하여 '마을 살리기 운동'에 힘을 쏟고 있다. 한국사회의 공동체성이 해체된 원인은 여러 가지로 분석할 수 있으나, 대체적으로 근대사회의 개인주의, 산업화·도시화로 인한 전통적 마을 공동체 해체, 신자유주의 경제 체제의 영향을 들 수 있을 것이다. 그로 인해 피폐해진 현대인들은 물질적·과학기술적 성장과 발전보다는 생태, 관계, 공동체로의 귀환을 더 강력히 원한다. 이런 맥락에서 '마을'이라는 말은 새로운 삶을 가리키는 상징적 용어로 자리 잡았다.

'마을 살리기 운동'은 공동체를 형성하고, 생태를 살리고, 사람들

---

11) 조용훈, 『마을 공동체와 교회 공동체』, p. 42.

이 서로 돕고 함께 살아가도록 이웃들과의 관계망을 형성하는 다양한 운동을 가리킨다.[12] '마을 살리기 운동', '마을의 생태 살리기', '다시, 마을이다', 마을학교, 협동조합, 논밭 가꾸기 등을 통해서, 현재 한국사회가 직면한 많은 문제들을 해결하기 위한 대안으로 마을 만들기 운동을 하고 있다. 우리 교단도 "거룩한 교회, 다시 세상 속으로"라는 표어 아래, 그 구체적인 실천 방안으로 교회 공동체와 마을 공동체가 하나 되는 '마을 목회' 운동을 교단 차원에서 전개하고 있다. 마을 목회란 목회의 대상을 개교회에 속한 성도들에게 국한하지 않고, 마을 전체를 목회의 장으로 확대하는 것이다.

마을에서 사람들과 함께 살아가기

그 마을은 일 년에 한 번 '그 마을의 날' 행사를 한다. 동네 한가운데 작은 공원에 그 동네에 속하는 모든 기관이 각자 자기들의 테이블을 만들고, 자신들이 이 동네에서 무슨 일을 하며 어떻게 그 동네 사람들과 함께 살아가는가를 설명한다. 동네 사람들이 자기 테이블에 와서 그들이 들려주는 이야기를 들어주길 원하며, 오는 동네 사람들에게 맛있는 음식과 과일, 차를 대접한다. 유치원, 초등학교, 중학교, 고등학교가 다 나와서 동네 사람들을 만난다. 소방서, 경찰서, 관공서, 교회들도 다 자기들의 테이블을 만들어 놓고 자기 기관들을 설명하느라 열심이다. 그곳에서 나는 우리 교인들뿐만 아니라, 모든 동네 사람

---

12) 황홍렬, "마을 만들기, 마을 목회, 마을 목회의 신학적 근거," 오필승 엮음, 『마을 목회 신학과 실천』(홍성: 도서출판 큰빛, 2017), p. 82.

들을 만나고 기관들을 만난다. 이렇게 그 마을은 하나의 공동체로 살아간다.

이 마을에 속한 모든 교회들은 교파에 상관없이 자주 만난다. 만나서 함께 마을의 문제나 어려움을 나누고 서로 도울 일이 있는지 협의한다. 또한 사순절, 추수감사절 같은 절기에는 모두 모여 예배드리고 기도하는 교회 연합 행사도 한다. 마을 목회는 대단한 특수 목회가 아니다. 같은 마을에 살면서 함께 신앙생활을 하며 평화롭게 살아가도록 이끄는 것이다.

요즘 마을 목회의 이론들을 살펴보면, 자칫 마을 목회가 특수 목회인 것처럼 보이게 한다. 많은 목회자들이 새로운 목회적 대안을 찾으면서 문화목회, 생태목회, 농촌목회를 이야기한다. 그래서 마을 목회가 기본적인 목회의 형태임에도 불구하고 특별한 상황에서 하는 특수 목회로 아는 사람들이 많다. 하지만 마을 목회는 특수한 목회가 아니라, 한 마을에 속한 교회가 마을 전체를 염두에 두고 하는 일반적인 목회이다. 마을 목회란 한마디로, 교회와 마을을 분리하여 생각하면서 만들어 놓은 경계를 허무는 것이다.

목회자들은 교회가 사회와 무관하게 존재해도 된다는 이원론적 사고에서 벗어나, 마을이 교회의 구성원들이 발을 붙이고 살아가는 삶의 터전이고 돌보아야 할 목회의 영역이라고 받아들여야 한다. 그래서 교인들도 마을과 교회를 하나로 연결하며 살도록 만들어 주어야 한다. 성도들이 마을에 대한 이해와 관심, 사랑과 긍휼, 하나님의 말씀을 끊임없이 마을에 들려주는 일을 하도록 교육해야 한다.

교육목회는 마을 목회를 지향한다

교육목회는 본질적으로 마을 목회이어야 한다. 왜냐하면 교육목회의 사역들은 개교회뿐만 아니라 마을, 더 나아가 사회, 국가, 세계까지 포함하기 때문이다. 교육목회에서 교육은 학교식 교육을 말하는 게 아니다. 교육은 학습자의 전체 삶을 교육 과정으로 다루어야 한다. 교육은 형식적인 커리큘럼으로만 이루어지지 않는다. 기독교 교육의 영역은 성도들이 살아가는 삶의 모든 공간을 다루기 때문에, 성도들의 삶의 터전인 마을은 아주 중요한 의미가 있다. 그래서 교육목회는 마을까지 연결되고 확대되어야 한다. 그러기 위해서는 먼저 그 마을에 뿌리를 내려야 한다.

슬로처치를 주장하며 건강한 교회를 추구하는 모든 교회들은, 교회가 존재하는 그 지역에 뿌리를 내리고 그곳에 교회를 세우신 하나님의 뜻을 발견하려고 노력한다. 교육목회의 목적과 책임은, 교회가 그 마을 사람들을 섬기며 관계를 맺으면서 함께 평화롭게 사는 하나님의 나라를 이루려고 노력하도록 교회를 돕고 교육 과정과 방법을 제시하는 것이다.

그러므로 교육목회는 마을 목회를 지향하며, 마을 만들기, 마을의 공동체성 회복과 지역성 회복에 관심을 가질 수밖에 없고, 이런 일들을 통해서 교회는 건강한 신앙 공동체로 자랄 것이다.

교회관이 중요하다

●●●

　교육목회에 대한 본질적인 이해는 올바른 교회에 대한 이해를 전제해야 한다. 교회관은 교육목회에서 아주 중요하게 고려해야 할 요인이다. 교회는 본질적인 면에서 신앙 공동체가 되어야 한다. 이를 위해서는 목회자들이 바른 교회관을 가져야 한다.

　미국의 한 작은 마을에 아름다운 교회가 있었다. 한 목사가 부임하면서 교회는 어려움에 직면했다. 목사가 모든 것을 제 뜻대로 하려다가 성도들과 마찰을 빚었다. 교회 성도들과 목사 간에 고소고발이 이어지다가, 결국에 그 목사는 자기 편을 드는 당회원들과 비밀리에 그 교회의 예산을 가지고 바로 옆 동네에 교회를 개척하였다.

　오늘날 목회자들이 그릇된 교회관을 가지고 있어서, 교회가 어려움을 당하는 경우가 많이 발생한다. 목회자가 교회를 자신의 것으로 생각하고 교인 전체의 뜻을 따르지 않으므로 문제가 발생하거나,

구원의 방주 역할에만 사로잡혀 교회 공동체 자체만을 위해 목회하기도 한다. 목회자는 바른 교회관을 가지고, 안으로는 건강한 신앙 공동체를 형성하도록 노력하며, 밖으로는 지역사회, 더 나아가 세계교회와의 연합과 일치에도 관심을 가지면서, 전 세계를 향한 하나님의 뜻을 이루려는 데 관심을 가져야 한다. 그럴 때 교회는 예수 그리스도를 머리로 하는 그리스도의 몸으로서, 살아 있는 유기체로서, 하나님의 뜻을 실천하는 생명력 충만한 공동체가 될 것이다.

김도일은 교회의 본질을 이렇게 정리한다. "장 칼뱅, 마르틴 루터, 디트리히 본회퍼, 칼 바르트, 에밀 부르너, 위르겐 몰트만, 존 웨슬리, 요하네스 호켄다이크, 김균진, 그리고 은준관에 이르기까지 그들의 교회관을 살펴본 결과, 교회란 말씀 선포와 성례전, 전도, 친교를 통하여 건강한 신앙 공동체로 존재함과 동시에 마을, 즉 세상 속에서 예수 그리스도의 생명, 사랑, 연대, 섬김, 함께함의 정신을 퍼뜨리고 소통하는 생명공동체, 생활공동체로서 그리스도의 십자가 정신을 실천하는 공동체이다."[13]

여기서 우리는, 교회가 교회로서의 사명을 잘 감당하기 위해서는 교회 안에서 교회를 친교, 예전, 가르침, 말씀 선포, 섬김의 교육을 잘 행하는 건강한 신앙 공동체로 세워야만 한다는 것을 알 수 있다. 그런데 마리아 해리스는, 교회는 하나님의 백성으로서 목회적 소명을 갖고 있는데, 그 목회적 소명을 수행함에 있어서 교회 자체를 신앙 공동체로만 만들려고 하는 것에서 세상으로 더 나아가는 디아코니아적 사명을 갖기를 강력하게 촉구한다. 그가 말하는 디아코니아는 약자나 가난한 자들에게 단순히 자선을 베풀거나 그들을 전도 대상 혹은 돌봄의 대상으로만 여기는 것이 아니라, 교회와 마을이

---

[13] 김도일, 『가정·교회·마을 교육공동체』(서울: 도서출판 동연, 2018), pp. 27-28.

함께 살고 함께 공동체를 형성해 나가는 코이노니아를 지향한다. 그리고 진정한 코이노니아는 교회와 교회, 교회와 지역사회, 교단과 교단, 교단과 세계교회, 국가와 국가, 국가와 세계와의 교제를 통하여 '하나님의 샬롬'을 이루는 것으로까지 나아가야 한다.

「장로회신학대학 신학교육 성명을 위한 기초문서」는 교회의 존재 이유와 목적을 더 명확하게 말하고 있다.

"이미 시작되었으나(막 1:15) 아직 완성되지 않은 종말론적 시간 사이에 서 있는 그리스도의 몸 된 교회는 하나님 나라를 위해 '부르심을 받고'(고전 1:2,9), 세움을 입고(엡 2:20-22), '세상 속에 보내심'(요 20:21)을 받은 공동체이다. 이 교회의 목적은 하나님 나라를 이루는 데 있다. 교회는 세상 속에서 예수 그리스도를 믿게 하고 하나님 나라의 복음을 전파해야 한다."[14]

교회는 그리스도의 몸

"그가 어떤 사람은 사도로, 어떤 사람은 선지자로, 어떤 사람은 복음 전하는 자로, 어떤 사람은 목사와 교사로 삼으셨으니 이는 성도를 온전하게 하여 봉사의 일을 하게 하며 그리스도의 몸을 세우려 하심이라 우리가 다 하나님의 아들을 믿는 것과 아는 일에 하나가 되어 온전한 사람을 이루어 그리스도의 장성한 분량이 충만한 데까지 이르리니 이는 우리가 이제부터 어린아이가 되지 아니하여 사람의 속임수와 간사한 유혹에 빠져 온갖 교훈의 풍조에 밀려 요동하지 않게 하려 함이라 오직 사랑 안에서

---

14) 이형기, 『에큐메니칼 운동과 에큐메니즘』(서울: 장로회신학대학교출판부, 2017), p. 65.

참된 것을 하여 범사에 그에게까지 자랄지라 그는 머리니 곧 그리스도라 그에게서 온몸이 각 마디를 통하여 도움을 받음으로 연결되고 결합되어 각 지체의 분량대로 역사하여 그 몸을 자라게 하며 사랑 안에서 스스로 세우느니라"(엡 4:11-16).

성경에는 교회를 상징하는 메타포가 많이 있다. 성령의 전, 구원의 방주, 신자의 어머니, 하나님의 집, 반석, 기도하는 집, 예수 그리스도를 머리로 한 몸 등이다. 그러나 교회를 가장 잘 표현한 것은 '그리스도의 몸'이다. 건강한 교회는 예수 그리스도를 머리로 해서 그분의 뜻을 따르며 한 몸을 만들어 가는 곳이다. "몸은 하나인데 많은 지체가 있고 몸의 지체가 많으나 한 몸임과 같이 그리스도도 그러하니라"(고전 12:12). 지금 이 시대에 가장 필요한 교회론은 '그리스도의 몸으로서의 유기체'라는 교회관이다.

교회는 다시 그리스도의 몸 된 교회로서의 본질을 회복해야 한다. 교회 공동체는 자연과 인간, 그리고 사회의 근본 원리를 경쟁과 성공, 성장보다는 협력과 협동, 신뢰, 나눔, 섬김의 가치관으로 교인들을 가르치고 실천해야 한다. '교회는 그리스도의 몸이다'라는 교회관은, 교회 안에서뿐만 아니라 마을에서도 적용해야 한다. 이런 교회관이 교육목회를 할 수 있는 출발점이다.

교회는 이런 곳이다!

교회는 그리스도의 몸

교회는 하나님의 것이며 예수 그리스도에 의해 설립되었다. 그래서 교회의 본질은 그 교회가 선포하도록 부르심을 받은 그리스도의 삶과 복음, 십자가 죽음과 부활에 근거해야 한다. 머리는 몸의 다른 지체들에게 생명과 의지를 부여해 주며, 모든 조직체를 연합하는 역할을 한다. 하나의 지체만을 가진 유기체란 생각할 수 없다.[15]

한 몸으로 살아가기

마을에 폭풍우가 불어닥쳤다. 이 마을은 오랜 세월 동안 폭풍우가 오지 않는 안전한 곳이었다. 요즘 들어 전 세계가 이상기후 징조를 보이기 시작하자, 이 마을에도 때 아닌 폭풍우가 불어닥쳐 온 마을의 전봇대가 쓰러지고, 대부분의 가정들이 전기가 나가서 음식을 만들 수도 없으며, 심지어 주유소에 기름이 가득 차 있는데도 주유를 하지 못하는 상황이 발생했다. 교회들도 마찬가지 상황이었다. 마을에 단 한 교회 루터란 교회를 제외하고 모든 교회당들이 전기가 나가서 폐쇄 조치가 내려졌다. 마을은 여느 때와 같이 서로 돕고 함께하는 힘을 발휘했다. 모든 교파의 교회들(장로교, 감리교, 성공회, 침례교)이 다 루터란 교회에 모여 함께 예배드렸다. 어려움 중에서도 교회를 개방한 교회나 빌려서 예배하는 교회나 모두 그리스도 안에서 기쁨으로 주일예배를 드렸다.

"만일 한 지체가 고통을 받으면 모든 지체가 함께 고통을 받고 한 지체가 영광을 얻으면 모든 지체가 함께 즐거워하느니라"(고전 12:26).

---

15) 노영상, 『미래교회와 미래신학』(서울: 장로회신학대학교출판부, 2009), pp. 177-183.

서로 용납하기

어느 교회의 한 여집사는 주일마다 교인들의 옷차림을 지적한다. "어휴, 저 몸매에 저런 옷을 입고 오다니… 목사님! 저것 좀 보세요." 서로 용납하는 것은 이런 작은 일부터 이해하고 존중하는 것이다. 어느 교인의 결혼식 날이다. 모든 참석자가 결혼예식에 맞추어 아름답게 차려 입고 왔다. 그중 한 교인은 예쁜 목걸이에 몸에 딱 붙는 원피스를 입고 왔다. 몸매가 다 드러나 보이므로 생각하기에 따라 옷을 잘못 입었다고 생각할 수도 있지만, 모든 교인들은 그를 보고 이렇게 인사했다. "안녕, 오늘 너 참 예쁘다."

지역사회와 함께 살아가기

예전에 미국 교회에서 목회를 할 때, 매달 당회 때마다 가장 중요한 이슈는 '지역사회를 위한 섬김과 봉사'였다. 그들이 가장 중요하게 여기는 것은 교회가 지역을 위해 존재한다는 것이다. 장로들은 어떻게 하면 교회가 지역사회를 섬길 수 있을까를 고민한다. 교회는 지역 주민이 원할 때마다 교회 연회장 겸 식당을 개방하여 여러 가지 행사나 가족 행사 등을 할 수 있게 한다. 교인들이 줄어서 교육관의 많은 교실과 소예배실을 거의 사용하지 않기 때문에, 그 교실들을 지역 주민이 활용할 수 있도록 개방하고, 결혼식, 베이비샤워, 생일 축하, 지역민들의 각종 모임 등을 하도록 교회가 허용한다.

노영상은 "유기체는 자신과 세상이라는 두 가지 중심을 가지는데, 자신의 생명을 유지하기 위한 내부적인 자체 생리 구조와 외부적인 환경이다. 그리고 이 둘은 서로 연관되어야만 생명력을 유지할 수 있다"[16]라고 한다. 교회가 복음의 생명력을 갖기 위해서는 자기

---

16) 노영상, 『미래교회와 미래신학』, p. 181.

공동체만 위하지 말고 반드시 지역사회와 소통하며 함께 살아가야 한다.

세계적인 이슈에 참여하기

몇 해 전 "세계 상위 1% 부자 재산이 나머지 99%가 소유한 재산보다 많다"는 발표가 있었다. 맨해튼에서는 많은 사람이 모여 세계가 빈익빈, 부익부로 가는 것을 막아야 한다고 시위하고 있었다. 내가 일하는 미국 교회 교인들은 이 일에 함께하기 위하여 모두 맨해튼 시위 현장으로 가서 시위에 동참했다. 이렇게 교회는 교회 자체를 넘어서, 교회가 속한 지역사회도 넘어서 세계적인 이슈에도 동참하는 적극적인 모습을 보여야 한다. 그것이 건강한 교회이고 온전한 신앙 공동체이다.

건강한 신앙 공동체 만들기

최근에 '느림의 미학'을 강조하는 슬로푸드, 슬로머니, 슬로워킹, 슬로라이프, 슬로디자인, 슬로리딩, 슬로아트 등의 운동이 일고 있다. '패스트'와 '슬로'는 단순히 변화의 진행 속도를 나타내는 말이 아니다. 이 개념들은 우리의 존재 방식 혹은 삶의 철학을 보여준다고 할 수 있다.[17] 패스트는 깊이가 없고 질보다는 양에 초점을 맞추고, 슬로는 침착하고 차분하며 매사에 세심한 주의를 기울이며 수용적이고 기다릴 줄 아는 삶의 방식을 말한다.

크리스토퍼 스미스와 존 패티슨은 '슬로처치'(slow church)를 제안한다. 그는 교회 성장에만 열중하면서 교회의 본질로부터 멀어진 현대 교회가 교회의 본질을 회복하고, 교회가 지역 속에서 건강한 신앙 공동체를 이루어 나가야 한다고 강조한다. 슬로처치가 강조하는 것은 윤리·생태·경제이다.[18]

윤리는 "효율성과 양에 집중하면서 교회의 빠른 성장만을 추구

---

17) 크리스토퍼 스미스, 존 패티슨, 『슬로처치』, p. 25.
18) 크리스토퍼 스미스, 존 패티슨, 『슬로처치』, p. 30.

하는 패스트처치의 논리에 저항"[19] 하도록 함으로써, 교회의 본질은 양을 늘리는 것이 아니라 하나님의 사람들로 하여금 공유, 협동, 쌍방적 소통에 관심을 두고, 그 지역 속에서 하나님의 나라를 이루어 가야 한다는 것이다. 생태는 창조주 하나님의 모든 피조물은 상호연관되어 있다고 강조하면서, 모든 생명과 더불어 살아갈 수 있는 코이노니아 공동체를 만들어야 한다는 것이다. 경제는 공정하게 부의 분배가 이루어지는 경제적 정의 실현에 관심을 가지면서, 하나님이 베푸시는 풍성함과 관대하심에 감사하면서 이웃에게 환대를 베풀고 식탁 공동체를 이루어야 한다는 것이다.

속도를 조절하라

패스트푸드의 대명사로 알려진 맥도날드나 버거킹은 짧은 시간 안에 최고의 열량을 내는 음식을 사람들에게 값싸게 제공한다는 것을 장점으로 삼는다. 그리고 세계 어느 나라에서든 사람들은 동일한 메뉴의 음식을 먹을 수 있다. 그래서 사람들은 패스트푸드의 편리함에 빠져든다. 그런데 이러한 패스트푸드 방식을 교회도 채용하고 있다. 효율성, 측정 가능성, 예측 가능성, 통제성을 추구하는 이윤을 내는 기업의 논리가 교회에도 스며든 것이다. 그 결과 교회는 복음의 증인으로서 지녀야 할 독특한 맛을 상실하고, 오직 성장만을 추구하는 조직으로 변해 버렸다. 이것을 《슬로처치》의 저자는 패스트처치라고 부른다.[20]

---

19) 크리스토퍼 스미스, 존 패티슨, 『슬로처치』, p. 49.
20) 크리스토퍼 스미스, 존 패티슨, 『슬로처치』, p. 25.

그는 패스트처치와는 반대되는 교회를 슬로처치라고 부른다. 슬로처치는 빠르게 많은 열량을 내는 패스트푸드 같은 교회를 추구하기보다는, '독특한 향미'에 관심을 두는 슬로푸드 같은 교회를 지향한다. 슬로처치는 특별히 '그 지역의 향미'를 중요하게 여기는데, "여호와의 선하심을 맛보아 알지어다"(시 34:8)라는 성경 말씀에서 그 영감을 얻는다. 그러면서 빠르게 성장만 하려는 교회 성장 원리 대신에 느리게 하나님의 은혜가 그 지역에 뿌리를 내리는 슬로푸드 방식을 추구한다.

열량만을 추구하며 급하게 만들어진 패스트푸드는 인간의 건강에 좋은 영향을 주지 못한다. 그 지역 산물인 신선한 재료를 가지고 오랜 조리 시간을 거쳐 만들어 낸 건강한 슬로푸드와 같은 교회를 건강한 교회의 모습으로 제안한다. 문제는 속도이다. 오늘날 한국 교회는 속도를 조절할 필요가 있다.

교회가 속도를 늦추고자 하는 가장 중요한 이유는 바로, 예수님의 삶과 가르침을 진지하게 수용하면서 실천해 나가기 위해서는 많은 시간이 필요하다는 것을 잘 알기 때문이다. 그리고 그 가르침이 열매를 맺기까지는 하나님이 오래 참으신 것과 같이 우리도 오래 참고 인내해야 하기 때문이다.

교회가 슬로처치를 지향하며 속도를 낮추면, 우리가 한 지역 공동체로 당신의 백성들을 모으신 하나님의 부르심에 더 깊게 응답하면서 그 지역에 뿌리를 내리고, 더딤을 받아들이고 인내의 삶을 실천할 때에, 생명을 살리고 회복하시는 하나님의 역사를 점점 더 깊게 경험할 것이다.

슬로처치는 망가진 세상에 대한 탄식 혹은 회개에서 시작해, 생태학적으로 느림을 생각하고 실천하며 모든 생명과 더불어 살아갈

건강한 신앙 공동체 만들기

수 있는 건강한 공동체를 세우는 방법을 강구한다.[21]

성장보다는 건강함을 추구하라

슬로처치는 지역의 고유한 맛과 향을 담아내는 믿음의 공동체를 지향한다. 자연, 문화와 풍습, 그리고 영적 수련의 방식들이 만들어 낸 교회만의 독특한 풍미를 내려 한다. 교회가 자신이 자리한 지역을 사랑하고 또 하나님이 그곳에 베푸신 많은 선물에 감사하다 보면, 교회는 그 지역의 삶을 풍성하게 하는 중요한 촉매제가 된다. 나아가 교회의 양적 성장보다는 질적 성장을 우선하고, 자기 교회의 성도만큼이나 지역 주민을 함께 생각하는 방향으로 나아간다.

'개인적인 차원에서 또는 교회적인 차원에서 어떻게 정주의 미덕을 함양할 것인가?' 우리는 우리가 속한 지역을 제대로 알고, 그곳이 하나님이 우리에게 주신 선물이라는 사실을 드러내야 한다. 하나님의 풍성한 생명력은 교회 공동체의 담장을 넘어 계속 흘러가면서 우리 마을을 생명의 기운이 넘치는 곳이 되게 한다. 이런 의미에서 교회는 지역문화의 촉매제가 되어야 한다.

그런데 우리가 정주의 미덕을 이야기할 때 빼놓아서는 안 되는 것이 바로 환대와 너그러움이다. 우리는 하나님을 사랑하고 서로를 사랑함으로써 우리가 그리스도의 몸임을 드러낸다.[22] 교회는 오늘날에도 치유하시는 하나님의 사랑이 주변으로 흘러가는 통로가 될

---

21) 크리스토퍼 스미스, 존 패티슨, 『슬로처치』, p. 172.
22) "로마서 12장은 생생한 이미지로 교회가 일구어가는 일이 어떤 것인지를 알려 준다"(크리스토퍼 스미스, 존 패티슨, 『슬로처치』, p. 116).

수 있다. 우리의 기쁨, 소망, 오래 참음, 너그러움, 환대, 겸손, 평온함은 사과나무의 사과처럼 오랜 기간에 걸쳐 돌보면서 정성으로 가꾸어 나가야 할 하나님의 선물이다.

지역에 뿌리를 내려라(定住)

슬로처치는 그리스도의 성육신이 하나님이 화해를 위해 세우신 계획의 핵심이라고 이해한다. 이 땅 위에 하나님의 나라는 하루아침에 이루어지지 않는다. 하나님의 선하시고 기쁨이 넘치며 자유하게 하는 다스림이 이 세상에 임하는 것을 보기 위해서는 땅속 깊이 뿌리를 내리는 결단이 필요하다. 그러기 위해서는 인내해야 한다. 지역 교회는 인내하시는 하나님을 따르는 사람들의 삶이 단련되는 대장간이다. 우리가 그리스도의 장성한 분량이 충만한 데까지 이르고자 한다면(엡 4:13), 오랜 시간 한 지역에 머물면서 사랑하고 용서하고 화해함으로써 인내를 배워야 한다. 지역과 함께하는 교회, 사람들의 삶의 일상성을 공유하는 교회가 되면서, 사람에 대한 신의를 지켜나가야 한다.

환대를 실천하라

누군가와 함께 식사한다는 것은 우리가 할 수 있는 가장 친밀한 교제의 방식이다. 식탁은 나와 상대의 약점을 드러내는 공간이자 서로의 존재를 인식하는 공간이다. 지체들이 함께 식탁교제를 나눌 방법을 찾는 것은 신앙 공동체에서 아주 중요한 일이다.

뉴저지 어느 교회는 두 가지 식탁 교제를 한다. 첫 번째는, 새 성전을 지으면서 식당에 테이블과 의자를 놓지 않았다는 것이다. 테이블과 의자가 앉아서 밥을 먹기는 편안할지 모르나 그 식탁에 앉은 사람 외에는 교제할 수 없고, 나중에는 테이블의 자리가 고정되어 진정한 식탁 교제가 이루어지지 않고 오히려 다른 사람과 담을 쌓게 만들고 새로운 계급을 형성하게 하기 때문이다. 넓은 홀에 도넛과 커피가 놓여 있는 식탁만 두게 했다. 그 결과 교인들은 그날 교회에 온 모든 성도들을 만나 대화하고 안부를 물으며 넓게 교제할 수 있게 되었다. 두 번째는, 사랑방(구역 모임)에서의 식탁 교제이다. 이름 그대로 사랑방에 가면 모두 환대를 받으며 사랑받는 느낌을 받는다. 새로 들어온 교우들은 이 모임을 좋아하게 되고, 함께 말씀을 듣고 식탁 교제를 하면서 '함께 먹기'와 '대화'를 통해 서로 만나서 함께 하는 문화를 만들어 간다. 이를 통해 교회는 크게 부흥하고 친밀하게 되었다.

공동체 식사를 통해 우리는 자신을 내려놓고 그리스도가 원하는 새로운 문화 속에서 우리의 정체성을 발견해야 한다.

평화로운 마을을 꿈꾸는 교회

● ● ●

　교회와 마을이 하나로 연결되어 함께 돌보고 교제하며 살아간다면 이보다 더 바랄 것이 없을 것이다. 교회 공동체가 마을로까지 나아가려면, 먼저 모든 성도들이 교회 안에서 신앙 공동체를 이루며 살아야 한다. 교회 분위기가 평화롭고 따뜻하고 모든 교인이 그리스도 안에서 한 몸을 이루며 살아가는 신앙 공동체가 될 때, 교인들은 자연스럽게 신앙이 자라고, 교회 밖의 마을과 사회, 세계로까지 그 사역을 펼칠 수 있는 생명력을 지니게 될 것이다.

　교회다운 교회는, 세상과 마을을 향해 열린 공동체가 되어 마을 주민과 소통하고, 그들을 섬기고, 그 마을에서 모든 사람이 하나님이 주시는 평화를 누리며 살아가는 일을 소망하며 일하는 교회이다.

　　어느 교회는 뉴저지 북부에 위치해 있다. 거기서 조지 워싱턴 다리(George Washington Bridge)만 건너면 바로 뉴욕 시이다. 오랫동안 백인 중산층들이 살아온 이 마을에 얼마 전부터 낯선 사람들이 이주해 오기 시작했다. 많은 한국인들이 몰려와서 코리아 타운(Korea Town)을 형성하고, 중국, 대만, 조선족에 이어, 남아메리카의 히스패닉(Spanish)들이 점점 이주해 오고 있다. 낯선 사람들이 자기 땅으로 몰려들자 그들은 두려움을 느꼈다. 저들은 누구인가? 얼굴도 다르고 언어도 다르고 모든 것이 다른 저들과 과연 우리는 평화롭게 이 마을에서 함께 살아갈 수 있을까? 심각하게 의논하고 고민한 결과, 그들과 대화를 하기 위해 영어 프로그램(english program)을 만들어서 지금까지 10년 넘게 이주자들에게 영어를 가르쳐 주고 있다. 이주자들은 처음엔 영어를 잘하는 사람들이 영어를 말하지 못하는 사람들을 위해 봉사하는 줄로만 알았다. 그러나 시간이 흐르면서 이주자들은 교회가 왜 이 영어 프로그램을 개설하게 되었는지 알게 되었다. 교회가 낯선 사람들과 함께 평화롭게 살기 위해서였다. 교회는 그들에 대해 알아야 하고 대화해야 한다고 생각했다. 그렇게 하려면 그들과 의사소통이 되어야 하고, 영어를 가르쳐 서로 대화할 수 있어야 서로를 알아갈 수 있고, 이해하게 되고, 이 마을에서 함께 평화롭게 살아갈 수 있기 때문이다.

마을에 거주하는 모든 사람이 함께 평화롭게 살아가기, 이것이 우리가 갖는 소망이다. 모두가 그렇게 살면 좋겠다. 그리고 무엇보다 교회가 그 일에 앞장서면 더욱 좋겠다.

그룹 토의

1. 마을과 교회는 한공간 안에 있고, 한 공동체로서 살아야 한다. 교회는 그 지역에 뿌리를 내리고, 그 마을과 함께 살아가야 한다. 교회가 그 지역에 정주하기 위해서 필요한 것은 무엇인가?

2. 내가 살고 싶은 이상적인 마을은 어떤 곳인가? 서로 이야기를 나누어 보라.

교회
교육
실천

교육목회란 이런 것이다

교회
교육
실천

　교육목회는 여러 가지의 목회 형태 중에서 하나를 가리키는 '목회학' 분야가 아니고, 기독교 교육학이 제시하는 새로운 대안이다. 교육목회는 현대에 들어서 나타나는 학교식 교육의 단점을 극복하고 성도들을 '하나님의 백성'으로 교육하기 위한 통합적인 교육방식이다.
　21세기에 들어서 기독교교육은 큰 변화를 맞이했다. 그전의 기독교교육은 전통적인 교육으로서, 교육 목적을 설정하고 그 목적에 따라 내용을 선정하고, 선정한 내용을 발달단계에 따라 커리큘럼과 교재를 만들어서 교사가 학습자에게 강의하는 학교식 교육이었다. 그러나 이런 방식으로 교육을 받은 그리스도인들이 시대 변화에 대응하지 못하고 성도와 교회가 신앙의 생명력을 잃게 되자, 사람들은 새로운 방식의 기독교교육이 필요하다는 요구를 하기 시작했다.
　그런 요청에 부응하면서, 전통적인 기독교교육을 대변하던 '교회학교 교육'이나 '주일학교 교육'이라는 명칭이 교육의 개념과 대상, 내용, 범위가 달라지면서 '교육목회'라는 새로운 명칭으로 바뀌게 되었다. 그래서 이제는 기독교교육을 대표하는 용어가 '교회학교 교육'이 아니라 '교육목회'로 바뀌고, 그에 따라 교육 패러다임도 획기적으로 변화되었다. 기독교교육을 잘 이해하지 못하는 사람들은 아직도 기독교교육을 '주일학교 교육'이나 '교회학교 교육'으로 생각하고, '교육목회'를 언급하면 목회학을 의미하는 것으로 생각한다. 그러나 '교육목회'는 이 시대 요청에 대해 기독교 교육학이 응답한 결과물이다.

교회 생활 전체가 교육 과정이다

전통적인 경건한 분위기 속에서 드리는 장로교 예배, 설교 원고, 성가대, 한 달에 한 번 하는 성찬식, 세례, 교인들의 기도 제목과 목회 기도, 평화의 인사, 아이들과 함께 예배드리기, 성경공부, 공동식사(Pot Luck), 구정 주일(Lunar New Year Sunday), 선교를 위한 바자회, 홈리스 사역(Loaves & Fishes), 추수감사절 만찬(Thanks Giving Dinner), 크리스마스(Christmas), 사순절(Lent), 명상과 촛불 기도회, 문화 교류(Cross Culture), 전 교인 수련회와 캠프, 봉사를 자원하는 사인판, 세계성찬주일, 힐링, 세례 기억하기(baptism renewal), 쉼터(shelter), 사회정의 실천(외국인 노동자 임금 체불 대납), 에큐메니컬 성 금요일 행진, 자유로운 토론이 이루어지는 공동의회, 교회 게시판.

기독교교육은 처음부터 지식이나 기술을 전수하는 것이 아니었다. 피교육자들을 전인격적이고 온전한 신앙인으로 변화시키는 일을 주로 하였다. 교회는 성도들을 온전한 신앙인으로 변화시키기 위하여 여러 가지 활동을 하였다. 그러한 활동들이 시간이 지나면서, 그리스도인이 살아가는 삶의 양식이 된 것이다. 그리스도인의 기본적인 삶의 양식은 성도들이 교회에 모여서 기도하고, 가르침을 듣고, 함께 떡을 떼며, 구제하는 일을 하는 것이었다. 그리스도인들은 이러한 활동들에 참여하면서 신앙을 익히고 성장하였다.

이처럼 성도들이 교회에 와서 하는 모든 활동을 '교회 생활'이라고 한다. 그 모든 교회 생활 속에서 성도들은 신앙을 배우고, 서로에게 영향을 주며, 배운 것을 실천하고, 나아가 세상 속에서 그리스도인으로 살아가는 법을 배운다. 그래서 성도들이 어떤 교회 생활을 하느냐는 그들의 신앙 형성과 실천적인 삶에 있어서 아주 중요하다. 교회가 성도들로 하여금 교회에서 경험하고 활동하는 것들을 제공함으로써 그들의 신앙 형태가 결정되기 때문이다. 그러므로 교회가 성도들을 좋은 그리스도인으로 양육하기 위해서는 교육적으로 잘 계획한 커리큘럼을 만들어야 한다. 즉, 교육목회를 위한 교육적인 커리큘럼이 교육목회에서 아주 중요하다는 것이다.

여러분이 만약 어느 교회의 성도라면, 그 교회에서 어떤 것들을 경험하고 활동하기를 원하는가? 여러분이 목회자라면, 성도들이 어떤 교회 생활을 하기 원하는가? 성도들에게 어떤 교회 생활을 하도록 프로그램을 제공하고 싶은가?

교인들의 교회 생활을 위한 제대로 된 교육 과정이 필요하다. 그 교육 과정은 성도들이 건강하게 자라는 데 필요한 요소들을 모두 포함해야 한다. 그래서 성도들이 그 교육 과정에 따라 배우고 활동하고 경험하면서 신앙이 자라게 해야 한다. 또한 성도들이 이 세상 속에서 건강한 그리스도인으로 살도록 돕는 것이어야 한다. 이런 교육 과정 속에서 경험하고 성장한 성도들은 자연히 생명력 있는 신앙 공동체를 형성한다. 이렇게 형성된 신앙 공동체는 다시 그 안에 있는 성도들에게 사회화를 통하여 영향을 주면서, 개인과 신앙 공동체 사이에 상호 교류가 일어난다. 이것이 교육의 과정에서 일어나는 역동적인 일과 그 결실이다.

신앙 공동체 중심의 이론을 주장하는 기독교 교육학자들은 이런 신앙 공동체가 신앙교육의 터전이라고 한다. 건강한 신앙 공동체가 선한 배움의 장이 되는 것이다. 따라서 최근 기독교 교육학자들은, 기독교교육의 목표는 개인적인 신앙 성장이 아니라 건강한 신앙 공동체 형성이라고 한다. 건강한 신앙 공동체 안에서 모든 성도가 건강한 그리스도인의 삶을 배우며 실천하면서 신앙이 저절로 자란다는 것이다.

이렇게 신앙 공동체 형성을 교육의 목표로 삼다 보니, 이제는 기독교교육의 궁극적인 목표를 예수 그리스도를 닮은 완전한 인격의 회복과 그의 '몸'을 이루는 것에 둔다(엡 4:12-15). 여기서 그리스도의 몸이 된다는 것은, 전 공동체의 일원들이 서로를 존중하며 공동체를 이루어 '한 몸으로' 살아간다는 의미이다.

교육과 목회의 통합

고용수는 한국 교회가 성인을 위한 '목회' 개념과 어린이와 청소년을 위한 '교육' 개념으로 이분화한다고 비판하면서, 목회와 교육으로 분리한 개념을 하나로 통합하여, 교회의 교육 구조를 신앙 공동체 교육 구조로 전환해야 한다고 강조한다.[23] 이를 위한 구체적인 대안으로 공동체적 교육목회의 이론과 실제를 제시한다.

한국 교회가 보여주는 문제점 가운데 가장 큰 것은 '말씀과 삶의 분리'이다. 왜 이런 결과를 낳았을까? 그것은 학교식 교육, 지식 위주의 교육이 성도로 하여금 말씀을 삶에서 적용하고 실천하는 데 생명력을 불어넣어 주지 못하였기 때문이다. 한국 교회는 성도들에게 말씀을 가르치는 일에 열중했지만, 구체적으로 삶에서 실천할 수 있는 신앙의 힘과 능력은 갖도록 교육하지 못했다는 것이다.

박기윤은, 한국 교회의 성장을 단순히 양적으로만 평가한다면 1990년부터 둔화했다고 할 수 있지만, 오히려 그 이전부터 한국 교회

---

23) 고용수, "하나님의 나라: 부르심과 응답" 교육 과정의 이론적 기초, 총회교육부 편, 『기독교교육 과정론』(서울: 한국장로교출판사, 2003), p. 61.

가 성장 위기를 겪고 있었다고 보면서, 양적 성장만을 위한 목회 패러다임[24]은 이제 지양하고, 지속적이고 건강한 교회 성장을 위한 교육목회 패러다임으로 전환해야 진정한 교회 성장을 이룰 수 있다고 주장한다.[25] 그러한 힘과 능력을 키워 주기 위해서, 이학준은 "한국 교회가 새로운 패러다임으로 전환해야 한다"고 주장한다.[26]

그리스도인이라는 말은 구별된 사람들이라는 말이다. 세상에서 살아가는 다른 사람들과는 다른 삶을 살아야 한다는 것을 의미한다. 그렇다면 우리가 그리스도인으로서 다른 사람들과 다르게 사는 것을 배우는 곳은 어디인가? 바로 신앙 공동체인 교회이다. 그리고 이 신앙 공동체에서 성도들은 그리스도인의 삶의 방식을 배우고 익혀야 세상에 나가서도 그리스도인답게 살아갈 수 있는 것이다. 그렇다면 성도들이 어떤 교회 생활을 해야 그들이 그리스도인으로서 다른 사람과 차이 나는 삶을 살아갈 수 있을까?

신앙은 일차적으로는 하나님과의 일대일 만남 속에서 생겨나지만, 그 신앙이 생겨나는 과정은 교회라는 신앙 공동체 속에서 이루어진다. 그러므로 한 사람이 신앙을 갖게 된다는 것은, 그가 소속되어 신앙생활을 하는 신앙 공동체 안의 사람들과 상호관계를 가지고 있다는 것을 의미한다. 또한 그가 영향을 받는 신앙 공동체의 신앙 형태들은 그전부터 신앙생활을 해온 성도들의 신앙적 유산들까지를

---

24) 패러다임이란 용어는 미국의 과학사회학자이자 철학자인 토머스 쿤(Thomas Kuhn)이 그의 저서 『과학혁명의 구조』(The Structure of Scientific Revolution, 1962)에서 처음 제시했다. '패러다임'(paradigm)은 사례, 예제, 실례 등을 뜻하는 그리스어에서 유래한 것으로, 언어학에서 빌려 온 개념이다. 한 시대를 지배하는 과학적 인식, 이론, 관습, 사고, 관념, 가치관 등이 결합된 총체적인 틀, 또는 개념의 집합체로 정의하였다.
25) 박기윤, 『교육목회를 통한 교회 성장의 이론과 실제』(서울: 한국학술정보(주), 2008), p. 97.
26) 이학준, 『한국 교회, 패러다임을 바꿔야 산다』(서울: 새물결플러스, 2014), p. 25.

내포하고 있으므로, 한 개인이 갖는 신앙의 형성은 현재적 공동체성과 더불어 역사적 공동체성 또한 지니고 있다.[27]

---

27) 김도일, 『가정·교회·마을 교육공동체』, p. 95.

신앙 공동체가 중요하다

●●●

넬슨과 웨스터호프는, 우리의 신앙은 건강한 신앙 공동체 안에서 사회화와 문화화를 통해 저절로 배우고 성장하며 형성된다고 주장한다.

신앙 공동체를 통한 사회화

히브리 사람들은 아이가 마을에서 태어나면, 마을의 모든 어린이가 아기의 집에 모여서 랍비의 지시에 따라 쉐마 또는 시편 91편을 낭송해 주었다고 한다.[28] 인디언의 속담에도 "한 아이를 키우기 위해서는 온 마을이 필요하다"는 말이 있다.

엘리스 넬슨(Elis Nelson)은 그의 저서 『신앙교육의 터전』(Where faith begins)에서, 신앙이란 성도의 공동체에 의하여 전달되며, 신앙의 의미는 그들의 역사와 상호 관계를 통해서 그리고 삶에서 일어나는 사

---

28) 루이스 쉐릴, 이숙종 역, 『기독교교육의 발생』(서울: 대한기독교서회, 1994), p. 41.

건들과의 관계에서 계발된다고 말한다.[29]

그의 관심은 '어떻게 신앙이 한 사람에게 전달되며, 교회가 그 과정을 더욱 의도적으로 지혜롭게 사용할 수 있느냐' 하는 것이다. 그는 문화인류학과 사회학에 관심을 가지면서, 문화를 통해서 아동들에게 가치가 전수될 수 있다는 것을 깨달았다고 한다.[30]

박상진은 문화인류학자 랄프 린튼(Ralph Linton)의 문화 개념을 인용하면서, 문화란 "그 구성요소가 특정한 사회의 구성원들이 공유하고 전수한 학습된 행동과 그 행동들의 결과의 총체"라고 설명한다.[31]

넬슨은 신앙이 신앙 공동체 안에서 사회화를 통해서 형성된다고 주장하면서, 신앙(faith)은 일종의 문화로서 사회공동체 속에서 사람들이 문화를 통하여 서로 소통하고 배우는 것처럼, 신앙도 신앙 공동체 속에서 서로 소통하고 교류하면서 배우고 전수된다고 본다. 웨스터호프도 신앙 공동체 안에서의 사회화를 말하면서 예전을 중요시한다. 그에게 "하나님께 예배하는 것"은 "사람을 교육하는 교육적 도구"이다.[32] 따라서 신앙은 신앙 공동체 안에서 예전적인 삶을 통해서 배우고 만들어진다고 말한다. 이들의 이론에 의하면, 신앙의 전달과 형성은 그들이 속한 신앙 공동체와 밀접한 관계가 있다.

그렇다면 아이들의 신앙은 어떻게 자라는가? 아이들은 어른들이 신앙생활 하는 모습을 보면서 배우고 자란다. 어른들이 공동체 안에서 다른 사람들과 지속적으로 만나고 경험하면서 배우듯이, 아이들도 교회와 가정에서 어른들과 계속적으로 대화하고 만나는 경험

---

29) 엘리스 넬슨, 박원호 역, 『신앙교육의 터전』(서울: 한국장로교출판사, 1996), p. 8.
30) 엘리스 넬슨, 『신앙교육의 터전』, p. 17.
31) 박상진, 『기독교교육과 사회』(서울:한국기독교교육학회, 2010), p. 59.
32) 김도일, 『현대 기독교교육의 흐름과 중심사상』(서울: 도서출판 동연, 2010), p. 127.

을 통하여 사회화된다. 아이들은 부모들이 살아 계신 하나님을 만나고 경험한 것들을 들려줄 때, 자연스럽게 부모들이 가르쳐 주는 믿음과 살아 계신 하나님을 간접적으로 경험하며 신앙이 자란다. 또한 교회에서 예배, 설교, 공과 시간, 동화, 대화, 노래를 통해서 교사들에 의해 신앙의 가치와 신념을 세워 나간다. 이때 아이들은 보이는 교회학교 활동뿐만 아니라 보이지 않는 커리큘럼 속에서도 많은 영향을 받는다. 그러므로 아이들의 신앙 형성 과정에서, 부모와 교회학교, 신앙 공동체가 큰 역할을 한다고 할 수 있다.

오랫동안 교회학교 교육을 하면서, 나는 '아이들이 신앙을 잘 배우는 방법은 무엇일까?'를 고민했다. 그래서 내가 다시 발견한 방법이 히브리인들의 신앙교육이다. 이스라엘 민족은 가정에서 부모가 아이들에게 하나님에 대한 믿음을 가르친다. 부모는 가정에서 아이들에게 자기가 경험한 살아 계신 하나님에 대한 이야기를 늘 들려준다. 부모는 유월절마다 이스라엘 민족의 정체성이라고 하는 출애굽 이야기를 들려주며, 아이들은 하나님이 자기 민족에게 역사하신 그 이야기를 들으면서 신앙이 자란다.

그 출애굽 이야기는 옛날이야기이지만, 그 이야기가 부모를 통하여 아이에게 들려질 때는 살아 있는 이야기가 되어 아이들의 신앙을 형성해 준다. 아이들은 출애굽 사건을 직접 경험하지는 못했지만, 자기 조상들이 애굽에서 종살이 하고 있을 때 그들을 구원해 주신 하나님의 역사를 생생하게 들으면서, 살아 계신 하나님에 대한 믿음을 키워 나간다. 이처럼 아이들에게 가정은 신앙을 배울 수 있는 가장 중요한 신앙 공동체이다. 아이들은 가정에서 부모를 통해 신앙, 가치관, 인생관을 배운다.

어느 날, 딸아이가 이런 말을 한다. "엄마, 난 어쩔 수 없는 엄마 딸인가 봐요. 내가 무엇을 할 때 보면 엄마하고 똑같이 하고 있어요."

부모를 닮기 싫어하는 아이들조차도 시간이 지나고 보면 자기 부모처럼 생각하고 행동한다. 그리고 신앙교육에서 회중이 정말로 중요하다. 넬슨은 신앙이 가장 잘 소통되고 전수되는 곳으로 회중(congregation)을 들고 있다. 회중이라는 공동체의 삶 안에서 신앙이 일깨워지고 형성되고 전수된다는 것이다. 그래서 그는 "회중이 신앙의 학교다"(The congregation is a school of faith)라고 말한다. [33] 사랑을 배울 수 있는 가장 좋은 방법은 신앙 공동체 안에서 사랑을 경험하는 것이다. 용서를 배울 수 있는 유일한 길은 용서받는 것이며, 이는 용서가 기대되고 실천되는 공동체가 요구된다. 성도들은 이러한 하나님의 말씀이 실천되는 공동체가 필요하다.

이런 교육의 방식에서는, 학교식 교육을 나타내는 학교, 교사, 학생, 커리큘럼, 교실, 교재 같은 말은 이제 더이상 큰 의미가 없다. 오히려 우리는 교회의 근본적인 본질과 특성에 더 관심을 가져야 한다. 기독교교육의 임무는, 신앙교육이 제대로 이루어지기 위한 신앙의 터전인 교회 공동체가 진정한 신앙 공동체가 되도록 하는 데 있다.

---

33) 엘리스 넬슨, 『신앙교육의 터전』(서울: 한국장로교출판사, 1996), p. 183.

다음 세대를 위한 교육 프로젝트

● ● ●

  김도일을 비롯한 많은 기독교 교육학자들은 다음 세대를 살리는 기독교교육 프로젝트를 교육목회라는 목회 패러다임으로 만들어 나가야 한다고 말한다.³⁴⁾ 다음 세대를 위한 연구는 다음 세대에 대한 연구에만 국한하지 않는다. 오히려 다음 세대를 교육하는 부모 세대 교육이 더 절실하다. 왜냐하면 다음 세대가 신앙을 배울 수 있는 신앙 공동체는 바로 부모 세대들로 이루어진 성인 회중들이기 때문이다. 그러므로 다음 세대를 잘 교육하기 위해서는, 성인들을 위한 교육목회를 통하여 다음 세대들에게 좋은 '학습 생태계'를 만들어 주어야 한다. 그래서 이 모든 것을 포함하는 교육목회를 위한 커리큘럼을 개발하는 일이 꼭 필요하다.

---

34) 김도일, "개관 및 용어 해설: 제4차 산업혁명 시대의 교육목회", 김도일 편, 『제4차 산업혁명 시대의 교육목회』(서울: 한국기독교교육학회, 2018), p. 25.

새로운 커리큘럼이 필요하다

'커리큘럼'이라는 단어는 오랫동안 주일학교 어린이들이 지겹게 채워야 하는 따분한 학습교재로 인식되어 왔다. 그러나 이것이 커리큘럼의 진정한 의미는 아니다. 전통적인 커리큘럼 속에서, 교사들은 커리큘럼의 기초자료(사회에 대한 연구, 학습자들에 대한 연구, 교과 내용에 대한 연구)들을 분석해서 기본적인 목표들을 설정하고, 학습 경험을 선정하고, 조직하며, 학습 성과들을 평가하는 방식에 익숙하다. 이런 방식은 교육 설계와 측정이 가능하며, 객관적이고 그 결과들을 예측할 수 있어서 원하는 교육을 구체화하는 데 유용하다. 그러나 이제는 교육 방식이 학교식 교육에서 벗어나 패러다임의 전환을 맞고 있기 때문에, 기존의 커리큘럼을 탈피하여 새로운 교육 패러다임에 알맞은 획기적인 커리큘럼이 필요하다.

지금까지 교회가 가르침이라고 칭하며 실행해 온 교육은 가르치는 행위를 포함하기는 하지만, 가르침만을 교육이라고 할 수 없다. 신앙 공동체 내에서 행해지는 예배와 활동, 기도, 봉사, 선포, 교제 등 교회 생활 전체 과정을 커리큘럼에 포함시켜야만 한다. 왜냐하면 인간은 공동체 안에서 살아가고 있으며, 공동체의 영향을 받고, 그 속에서 자신의 삶의 형태들을 창조하고 또한 재형성해 나가기 때문이다.

이렇게 커리큘럼에 대한 이해가 바뀌면서 대안적 커리큘럼이 등장한다. 전통적인 커리큘럼을 '협의의 커리큘럼'이라고 한다면, 새로운 대안적 커리큘럼은 '광의의 커리큘럼'이라고 할 수 있다. 이 광의의 커리큘럼이란 "교회라는 신앙 공동체의 교육 구조 전체에 영향을 미치는 여러 가지 활동, 관계 및 자원의 총체"를 의미한다.[35] 교육목회는 커리큘럼을 광의의 개념으로 이해하면서, 교회 전체를 하나의 교육기관으로 보고, 교회의 여러 가지 목회적 기능들을 교육적인 관점에서 재구조화하려는 시도이다. 그러므로 교육목회는 커리큘럼을 새로 만드는 것이 아니라, 이미 교회 안에 교육 과정을 지니고 있다고 보고 그것을 재구성하는 것이다.

지금까지 한국 교회가 교육을 교회학교라는 기관에만 국한하고 교회교육의 형식적 커리큘럼 개발에 힘을 쏟았다면, 이제는 새로운 교육목회라는 교육시스템을 구축하고 '교회 생활 전체'를 커리큘럼으로 만들어 개발해야 할 필요성이 절실하다.

광의의 커리큘럼을 기초로 한 교육목회를 제안하며 연구한 많은 학자들이 있다. 대표적으로 마리아 해리스를 들 수 있다. 그는 교회 전체를 하나의 교육기관으로 보았다. 그는 교회의 목회적 기능들을 교육적인 관점에서 다루면서, 교회 생활의 전 과정이 커리큘럼이 되어야 한다고 주장한다. 교회는 하나님의 백성들을 훈련하기 위한 목적으로 하나님이 세우신 교육의 통로이므로, 교회는 계획적이고 체계적인 교육 과정을 가지고, 성도들을 하나님의 백성으로 빚어 가는 (fashioning) 예술적인 작업을 해야 한다고 말한다. 그에게 커리큘럼은 "하나의 백성을 빚어내는 것"과 같은 창조적이고 교육적인 과정이며,[36] 교육은 테크닉이나 기교를 부리는 일이 아니라, 인간의 삶 속에서 본질적이고 경이롭고 성취하기는 여전히 어려운 그 무엇을 가리킨다.

---

35) 마리아 해리스, 『교육목회 커리큘럼』, p. 5.
36) 마리아 해리스, 『교육목회 커리큘럼』, p. 12.

교회 생활을 재구성하라

사도행전 2장 42-46절에는 초대교회의 교회 생활이 잘 나타나 있다. 그래서 교육목회를 위한 근본적인 형태를 이 말씀에서 찾을 수 있다. 초대교회의 교회 생활은, 오늘날 교회들이 새로운 교육목회를 어떻게 구상할 것인지를 고민할 때 새로운 통찰력을 제공한다. 우리가 현재 행하는 모든 형태의 교회 생활은 이 초대교회 교인들의 생활에서부터 내려와 오늘날까지 교회의 모습을 형성하기 때문이다. 초대교회의 교회 생활 속에서 '커리큘럼'이라는 단어를 찾을 수는 없지만, 우리가 가지고 있는 교회 커리큘럼에 대해 최초로 묘사해 준다.

교육목회는 신앙을 실천하기 위한 커리큘럼을 가져야 한다. 이 커리큘럼은 초대교회 공동체가 살았던 삶의 형태들을 교회교육을 위한 기본적인 커리큘럼으로 받아들인다. 이런 기본적인 교회 생활의 형태는 오랜 기독교 역사 속에 이어져 내려오면서 사도적 교회의 삶의 형태로 자리 잡아 왔다. 교육목회는 오랫동안 교회가 행해 온 삶의 형태들을 교육적 차원에서 구조화하여, 모두 다섯 가지 영역을 포함하는 커리큘럼을 만들었다. 그 다섯 가지 영역은 코이노니아(Koinonia, 사귐과 교제), 레이투르기아(Leiturgia, 예배와 기도), 디다케(Didache, 가르침과 관련된 사역), 말씀 선포인 케리그마(Kerygma), 마지막으로 디아코니아(Diakonia, 봉사와 섬김)이다.[37]

이 다섯 가지 영역 안에서, 교인들은 사회화와 문화화를 통하여 자연스럽게 교육되며 기독교적 가치관을 내면화하게 되어, 하나님의 백성으로 살아가는 삶을 배우게 된다.

---

37) 마리아 해리스, 『교육목회 커리큘럼』, pp. 8-9.

이런 교육목회의 커리큘럼을 구성하려면, 지금까지 우리가 해왔던 교회 생활들을 신앙적인 관점으로 재조명해 보고, 그것들을 새로운 시대에 맞게 재구성해야 한다. 이러한 재구성의 작업을 통해 교회 생활을 위한 커리큘럼을 새롭게 만들어야 한다.

> 교육목회를 배우기 위해서 제일 먼저 할 작업은, 우리가 지금 하고 있는 교회 생활을 회상해 보는 일이다. 모든 교회 생활들을 일일이 적어 보고, 교육목회의 다섯 가지 영역으로 분류하게 한다. 학생들에게 교육목회를 가르치기 전에, 나는 학생들에게 이 작업을 하게 한다. 이런 작업은 학생들로 하여금 자기들이 무의식적으로 행하고 있는 교회 생활의 모든 영역을 교육적으로 재구성할 수 있는 시각을 갖게 해준다.

교인들은 목회자가 제공하는 교회 생활을 통해 신앙을 배운다. 그리스도인으로 사는 법도 배운다. 그러므로 목회자가 자신의 목회를 새롭게 하고 교육목회를 하기 위해서는, 지금까지 교인들의 신앙을 형성해 온 교회 생활을 회상해 보며, 계속 유지해야 할 것과 개선되어야 할 것, 새롭게 해야 할 것들을 검토하여 새로운 교회 생활을 위한 교육목회 커리큘럼을 만드는 작업을 해야 한다. 목회자는 이런 과정을 거치면서 성도들이 경험하는 전반적인 교회 생활을 재구성할 때 교회는 점진적으로 신앙 공동체로 성장할 수 있게 된다. 그러므로 교육목회에서 교육이란 형성(formation)과 변형(transformation)의 과정이며, 창조와 재창조, 해체(deconstruction)와 재구성(reconstruction)의 과정이다.

교육목회는 교육적으로 목회한다는 의미보다는, 성숙한 성도들을 키워 내도록 의도적이고 체계적인 커리큘럼을 가지고 성도들을 하나님의 백성으로 빚어 갈 뿐만 아니라, 교육이 일어나고 경험되는 현장, 즉 교회교육의 터전인 회중의 삶을 변화시켜 건강한 신앙 공동체를 형성하는 일이라고 할 수 있다.

교육목회의 영역

　교육목회의 영역에 대하여, 많은 기독교 교육학자는 다섯 가지 혹은 그 이상을 말한다. 그러나 현대 교육목회 연구가들은 사회와 환경이 다양하고 빠르게 변화하고 있기 때문에, 이러한 변화하는 세상 속에서 성도들이 건강한 신앙인으로 살아가도록 하기 위해서는 이 다섯 가지 외에 더 많은 영역이 교육목회의 커리큘럼 안으로 들어와야 한다고 보기도 한다.

　김도일을 비롯한 최근의 기독교 교육학자들은 교육목회의 영역을 위에 언급한 다섯 가지에 네 가지를 더한다. 공학(에듀카치오 테크네), 행정(에듀카치오 아드미니스트라치오), 기도(프로슈케), 전도(마르투리아)이다. 그는 인공지능으로 대표되는 제4차 산업혁명 시대에는 이와 같은 영역이 교육목회에 첨가되어야 한다고 보았다. 그는 특히 교육공학과 교육행정에 대한 전문적인 연구를 통하여, 디지털 시대를 살아갈 다음 세대를 교육할 준비를 해야 한다고 말한다.[38]

---

[38] 김도일, "개관 및 용어 해설: 제4차 산업혁명 시대의 교육목회", 김도일 편, 『제4차 산업혁명 시대의 교육목회』, p. 29.

나는 전통적인 교회 생활의 다섯 가지 영역을 코이노니아, 레이투르기아, 디다케, 케리그마, 그리고 디아코니아로 나누어 각각의 영역에서 교육목회를 위한 이론과 실천을 다루었다.

이 책에서는 코이노니아를 위한 교육목회의 이론과 실천을 맨 앞에서 다룬다. 그 이유는, 신앙교육의 터전이 신앙 공동체라고 볼 때 코이노니아를 통하여 교회 회중이 신앙 공동체로 결속하는 일이 가장 중요하기 때문이다. 코이노니아는 두세 사람이 친하게 사귀고 만나는 교제를 의미하지 않는다. 개인과 하나님과의 영적 사귐을 포함하여 성도들 사이의 사귐과 교제, 교회 공동체 전체의 하나 됨 등을 포괄적으로 의미한다. 그리고 온 세계에 있는 예수 그리스도를 고백하는 성도들과의 사귐과 나눔으로 나아간다. 이 책에서는 이런 광범위하고 포괄적인 의미를 가지고 코이노니아를 위한 교육목회적 실천을 다룬다.

두 번째, 레이투르기아를 위한 교육목회의 이론과 실천에서는, 교회의 가장 중요한 사역인 예배와 기도에 대하여 살펴본다. 어느 공동체이든지 그 공동체가 가진 정체성을 가장 잘 나타내는 종교 행위가 예배이다. 장로교회의 목회자들은 올바른 장로교 예배모범을 연구하여, 성도들이 하나님을 바르게 섬기면서 장로교인의 정체성을 형성하도록 해야 한다. 그래서 교회를 건강한 신앙 공동체로 만들어 나가야 한다.

세 번째는, 디다케를 위한 교육목회의 이론과 실천이다. 지금까지 한국 교회가 행해 왔던 주일학교나 교회교육은 이 디다케라고 하는 가르침의 형태를 취해 왔다. 근래에 들어서는 학교식 교육에 대한 비판으로 인해, 의도치 않게 가르침이 소홀하게 여겨질 수 있다는 제기도 있다. 그러나 가르침은 그리스도인들의 신앙의 뼈대를 형성시켜 줄 뿐만 아니라, 교회 공동체의 신앙과 신념, 신앙적 규범과 윤리적 실천을 선포하고 규정하는 매우 중요한 사역이다. 다만 지금까지 주로 사용했던, 즉 언어로 전달하는 가르침의 방법들보다, 새로운 시대에 알맞는 이미지와 상상력을 통한 새로운 방법들을 개발해야 하는 과제를 안고 있다.

네 번째는, 케리그마를 위한 교육목회의 이론과 실천이다. 하나님의 말씀은 언제나 살아 있다. 목회자들은 성경 말씀을 이 시대에 알맞게 해석하여 전달하는 사람들이다. 교회가 말씀을 제대로 해석하고 선포해야 교회와 성도들은 복음이 주는 구원과 생명력을 이어갈 수 있다. 이 땅에 하나님의 뜻이 제대로 해석되고 선포되어야 말씀을 듣는 성도들이 제대로 그리스도인답게 살 수 있고, 하나님의 나라가 이루어진다. 케리그마를 위한 실천은 목회자들이 말씀 선포를 체계적·신앙적·신학적으로 바르게 행할 수 있도록 돕는다.

마지막으로, 디아코니아를 위한 교육목회의 이론과 실천이다. 디아코니아는 다섯 가지 사역 중에서, 지금까지 교회가 가장 소홀히 했던 영역이다. 디아코니아는 우리를 구원해 주신 하나님의 은혜를 다른 사람들과 나누는 것이다. 이 세상을 사랑하셔서 독생자를 보내어 죄인들을 구원하신 하나님의 사랑을 실천하는 것이 디아코니아다. 디아코니아는 단순한 자선 행위가 아니다. 디아코니아는 인간을 사랑하고 긍휼히 여기신 하나님의 마음으로 모두가 서로 도움을 받아 온전하게 살아가는 상호보완적인 삶의 실천이라고 할 수 있다. 강한 자, 부한 자는 나누어 주는 자이고, 약한 자, 가난한 자는 받기만 하는 사람들이 아니다. 모든 사람들은 도움이 필요하다. 그래서 겸손하게 하나님의 사랑으로 서로를 섬기며 이 땅에 하나님의 나라를 이루려는 것이 바로 디아코니아 사역이다.

그룹 토의

1. 현재 여러분이 교회에서 경험하는 모든 교회 생활을 적어 보라. 그리고 그 교회 생활의 형태들이 나를 신앙적으로 성장하게 했는지 살펴보라. 검토한 후에는 유지해도 좋은 것과 새로운 형태로 변해야 할 것들을 나누어 보라. 현재의 교회 생활에 보충해야 할 부분이 있다면 그것은 무엇인가?

2. 위에서 검토한 교회 생활의 형태들을 교육목회가 제시하는 다섯 가지 영역으로 분류하고 표를 만들어 보라.

3. 교육목회란 무엇인가? 교육목회가 새로운 시대 기독교교육을 위한 대안이 될 수 있는가?

4. 내가 목회자라면 성도들의 교회 생활을 위한 교회 생활 커리큘럼을 어떻게 디자인할 것인가? 교육목회에서 커리큘럼에 대한 정의는 어떻게 달라졌는가?

교회
교육
실천

코이노니아

신앙 공동체를 위한 이론과 실천

"서로 교제하고"(행 2:42)

코이노니아가 왜 중요한가?

●●●

　교육목회를 위한 커리큘럼을 계획할 때 가장 우선적으로 해야 할 사역은 무엇일까? 모든 영역이 다 중요하지만, 그래도 우선순위를 둔다면 그것은 '코이노니아'이다. 코이노니아를 왜 가장 우선적으로 다루어야 하는가? 교육목회가 이루어지려면 신앙교육을 시작할 수 있는 터전이 있어야 하는데, 그곳이 바로 신앙 공동체이기 때문이다. 다시 말하면, 신앙은 신앙 공동체 안에서 자라기 때문에 신앙교육에 있어서 신앙 공동체 형성은 중요한 과제이다. 존 웨스터호프(John Westerhoff III)도 "신앙 공동체는 그 안의 사람들의 신앙과 가치들을 부축해 주고(supporting), 지탱해 주며(sustaining), 전수해 주는(transmitting) 역할을 한다"[39]고 말하면서 신앙 공동체의 중요성을 강조한다. 즉 교육은 신앙 공동체의 생활을 통해 자연스럽게 상호 영향을 받으면서 세계관과 가치관이 형성되도록 돕는 것이라는 것이다.

　교회가 살아 있는 유기체로서 그리스도 안에서 한 몸을 이루며

---

39) 김도일, 『현대 기독교교육의 흐름과 중심사상』, p. 139.

함께 살아가는 신앙 공동체가 되지 못한다면, 그 속에서 신앙생활을 하는 성도들은 결코 온전한 그리스도인으로 성장하지 못한다. 성도들은 신앙 공동체 안에서 드리는 예배, 말씀, 기도, 봉사 등을 통하여 신앙이 자라고, 또 그렇게 성장한 신앙이 공동체에 영향을 주면서 공동체도 신앙적이 되는 것이다. 그리고 이러한 과정이 지속적으로 이루어지면서, 성도들의 개인적인 신앙과 공동체의 신앙이 함께 상호작용하고, 신앙 공동체는 성숙하고 거룩한 교회의 모습으로 된다. 이것이 신앙 공동체 안에서 교육을 통해서 이루어지는 신앙 형성과 변형의 과정이다.

교육은 학교에서 행하는 공식적인 영역도 매우 중요하지만, 비형식적인 영역에서 이루어지는 교육의 영향이 더 크다. 신앙교육도 마찬가지이다. 즉, 신앙은 어떤 교수법을 통해서 가르쳐지는 것이 아니라, 살아서 움직이는 신앙 공동체 안에서 문화화와 사회화를 통해서 얻게 되는 것이다. 집안 분위기가 좋아야 그 집안에서 자라는 아이들이 건강하게 잘 자랄 수 있다. 날마다 싸운다거나 좋지 않은 행실로 아이에게 본이 되지 못하는 부모들과 함께 살아가는 아이들은, 자기들도 모르는 사이에 저절로 물이 들어 건강한 인격으로 자라지 못한다.

교회 공동체와 성도들의 신앙 성장이 갖는 관계도 그렇다. 교회의 분위기가 신앙적이어야 그 안에서 성도들은 바른 신앙을 배우고 그리스도인의 삶을 배운다. 그래서 우리는 교육목회 커리큘럼에서 교회가 신앙 공동체를 이루도록 돕는 코이노니아 사역을 가장 우선적으로 중요시하는 것이다.

코이노니아를 통한 공동체 형성

●●●

　교회에서 코이노니아를 어떻게 이룰 수 있는가? 가끔 성도들에게 이런 말을 듣는다. "나는 교회에 친한 친구들도 있고 친밀한 그룹도 있어요. 나는 주님과의 교제도 잘하고 있고, 성도들과의 사귐도 아주 잘하고 있어요." 소외감을 느끼고 교회 공동체에 잘 적응하지 못하는 성도들보다는 이렇게 친밀한 친구들과 그룹이 있다는 것은 행복한 일이다. 그러나 주님이 우리에게 가르쳐 주신 '코이노니아'는 그런 것이 아니다. 신약성서 헬라어에서 '코이노니아'는 근본적으로 인격적이고 공동체적인 관계를 표현한다. 코이노니아가 개인적인 차원의 교제가 아니라는 걸 기억해야 한다. 사도행전 2장 42절 말씀을 보면, 초대교회는 성도들이 함께 떡을 떼고 교제하면서 한 공동체로서 살았음을 알 수 있다. 코이노니아의 목적은 그리스도 안에서 '한 공동체가 되어 함께 살아가는 것'이다. 코이노니아는 그리스도 안에서 '하나'라는 인식(고전 12:13; 갈 3:28; 골 3:11)에서 출발한다. 그래서 '코이노니아'는 '한 몸 공동체로 살아가기'라고 말할 수 있다.

　그러므로 코이노니아는 교회를 교회 되게 하는 가장 기본적인 사역이다. 모든 교회 생활의 출발점이며 기초는 오직 한 하나님의 백성으로서 한 몸을 이루며 사는 것이어야 한다. 한 몸으로 살아가는 기본적인 삶이 이루어질 때, 가르침과 섬김, 예배나 프로그램들이 은혜롭게 진행되며 교회가 성장할 수 있다.

요즘 소그룹을 통한 교회 성장을 이야기하는 목회이론들이 많이 나온다. 소그룹은 그 자체의 그룹 안에서 코이노니아를 이룰 수 있는 큰 장점을 갖고 있다. 한 개인의 신앙이 성장하려면 그를 적극적으로 돌보고 신앙으로 이끌어 줄 수 있는 소그룹은 꼭 필요하다. 그러나 소그룹 안에서 일어나는 다이나믹스(dynmics, 그룹 활동)에만 치중하고 그룹 안에서의 사귐이 너무 친밀하면, 자칫 전체 공동체와 하나 되지 못하는 일이 생기거나, 오히려 그 그룹이 전체 공동체가 하나의 공동체로 형성되는 데 큰 방해가 될 수도 있다. 따라서 소그룹 공동체는 언제나 교회 공동체인 대그룹과 조화를 이루며 한 몸으로 살아가야 한다는 것을 목표로 하면서 소그룹 안의 코이노니아가 이루어지게 해야 한다.

"나는…성도가 서로 교제(교통)하는 것을 믿습니다." 우리는 이렇게 신앙을 고백하지만 말에 그치는 경우가 많다. 우리가 성도의 교제에 대해 성찰하는 경우가 드물다고 해도, 우리가 드러나든지 드러나지 않든지 서로 관련되어 있다는 사실을 인정해야 한다. 우리는 언제나 현재 살아 있는 그리스도의 몸을 세우는 일과 예수의 공동체인 백성을 창조하는 일에 동참하고 기여하며 살고 있다.[40]

---

40) 마리아 해리스, 『교육목회 커리큘럼』, p. 92.

코이노니아 영역의 확대

코이노니아는 개인과 하나님과의 관계에서만 이루어지는 것이 아니고 개인과 개인, 개인과 소그룹, 소그룹과 소그룹 관계에서, 교회의 기관과 기관, 교회와 교회, 교회와 교단, 교단과 교단, 국가와 국가, 국가와 세계의 관계들까지 포함하는 광범위한 사귐과 교제를 의미한다. 이렇게 개인적인 차원에서부터 공동체적 차원, 나아가 국가와 세계와의 관계에까지 코이노니아의 범위는 넓다. 코이노니아의 궁극적인 목적은, 이 세상의 모든 나라와 사람들이 예수 그리스도 안에서 '하나님의 샬롬'을 이루며 평화롭게 살게 하기 위한 것이다.

이렇게 모두가 연합하여 '하나님의 샬롬'을 이루며 살아가는 방법은 여러 가지가 있다. 먼저, 개인적인 차원에서의 하나님과의 코이노니아는 기도와 말씀, 순종, 헌신, 성도와의 교제, 용서, 믿음으로 하는 모든 신앙적인 행위들을 통하여 이룰 수 있다. 우리의 사귐은 우리의 모든 삶 속에서 행해지고 일어난다. 우리의 개인적인 삶은 언제나 하나님과 동행하며 그분의 뜻을 따라 살아가려 힘쓴다(요 15:1-11). 이러한 개인적인 코이노니아를 통해서 우리는 하나님의 평화와 사랑을 느낄 수 있으며, 우리가 속한 모든 곳에서 코이노니아를 실천할 수 있게 한다.

그다음으로 교회 공동체에서의 코이노니아, 성도와 성도들 사이의 교제를 들 수 있다. 우리는 교회 공동체 안에서 모든 사람과 다 친밀할 수는 없다. 내가 늘 가깝게 만나고 교제할 수 있는 여건이 되어야 교제가 이루어지므로, 친밀한 교제는 모든 사람과 할 수 있는 건 아니다. 성도들과의 교제만이 코이노니아를 의미하는 것이 아니라고 이미 말했듯이, 교회 공동체의 코이노니아는 여러 가지 방법으로 실행할 수 있다. 가장 대표적인 것이 예배와 성만찬, 식탁 공동체와 환대를 통한 코이노니아 형성이다. 예배는 우리를 한 몸으로 만드는 가장 중요한 예식이다. 함께 예배하는 공동체는 매우 소중하다. 예배는 우리 모두가 한 하나님을 섬기는 하나님의 가족공동체를 이루게 한다. 또한 교회과 교회, 교단과 교단 사이의 코이노니아는 연합 예배와 연합 성만찬, 에큐메니컬 활동들을 통해서 가능하며, 나아가 세계성찬주일의 참여 등을 통하여 세계교회와의 코이노니아를 모색할 수 있다. 또한 가정 안에서의 코이노니아, 세대 간 갈등을 해소하고 하나의 공동체를 이루는 통합 세대 예배, 통합 세대 활동 등도 코이노니아를 이루는 아주 중요한 교육적인 형태들이다.

이 책은 개인적인 차원에서부터 교회 공동체 안에서의 코이노니아를 이룰 수 있는 교육목회 교육 과정을 제시하면서, 여기서 더 나아가 넓은 범위의 코이노니아까지도 다룰 것이다. 코이노니아 형성에서 중요한 용어들이 있는데, '살아 있는 유기체로서 그리스도의 몸', '신앙 공동체', '교제'와 같은 것들이다. 이런 용어들은 코이노니아 형성에서 주의 깊게 다루어야 할 중요한 개념들이다. 지금까지 제시한 과정을 통해서, 에베소서 4장 13절 말씀처럼 "우리가 다 하나님의 아들을 믿는 것과 아는 일에 하나가 되어 온전한 사람을 이루어" 나가는 신앙 공동체를 형성할 수 있다.

코이노니아와 다른 영역과의 상호관계성

신약 성경에서 '코이노니아'는 단독으로 쓰이지 않고, 교육(디다케), 봉사(디아코니아), 예전과 긴밀히 관련되어 쓰인다. 사도행전 2장 42절에서 "그들이 사도의 가르침을 받아 서로 교제하고 떡을 떼며 오로지 기도하기를 힘쓰니라"고 할 때, '가르침'이 '디다케'이고, '서로 교제하며'가 '코이노니아'이며, 그 다음에 나오는 '떡을 떼며'가 성찬을 가리키고, '기도하기'는 '레이투르기아'를 가리킨다. 이처럼 초대교회에서는 교육과 교제와 예전이 서로 긴밀히 연결되어 있었다. 이 점은 44-47절에도 잘 나타나 있다. 그뿐만 아니라 42절의 '코이노니아'가 14-36절에 나오는 베드로의 설교를 듣고 회개하여 예수를 믿은 사람들도 포함하는 '코이노니아'인 만큼 이는 선포, 곧 '케리그마'를 통해 이루어진 '코이노니아'임을 알 수 있다. 또한 43-44절에는 이미 봉사, 즉 '디아코니아'의 실천도 암시되어 있다.

고린도후서 8장 4절에는 "성도 섬기는 일에 참여함에 대하여"라는 표현이 나오는데, 여기서 '섬기는 일'이 바로 '디아코니아'이고, '참여함'이 '코이노니아'이다. 바울은 이방 교회 교인들이 예루살렘 교회를 위해 헌금하는 일에 기꺼이 참여하라고 말하는데, 이 경우 '코이노니아'는 '디아코니아'로 표현되었음을 알 수 있다. 이처럼 초대교회에서는 말씀 선포, 교육, 봉사, 예전이 교제와 긴밀히 연관되어 있었다. 그러므로 교육목회의 다섯 가지 사역은 각각 독립적이면서도, 다섯 가지 영역이 서로 긴밀히 연관되어 상호작용한다는 것을 알 수 있다.

예배 공동체와 코이노니아

교회 예배

예배는 한 하나님을 섬기는 성도들이 행하는 공동체적 의식이다. 구성원들이 함께 예배한다는 것은 그들이 한 공동체임을 의미한다. 교회는 살아 있는 그리스도의 몸이다. 교회의 머리는 그리스도이며, 성도들은 지체로서 서로서로 연결되어 하나의 그리스도의 몸을 형성하는 공동체가 될 때 진정한 교회라고 할 수 있다. 그리고 이렇게 그리스도를 머리로 하여 한 몸 공동체를 이룰 수 있도록 해주는 가장 중요한 것이 바로 예배이다. 함께 예배를 드리면서 모든 구성원들이 같은 말씀을 듣고 같은 찬송을 부르며, 이를 통해 모든 지체가 한 몸이 된다. 또한 주일마다 사도신경으로 공동체의 신앙을 고백하면서 성도들은 동일한 공동체 신앙을 소유하게 된다. 특히 "나는 성도가 서로 교제하는 것을 믿습니다"라고 암송하면서 성도들끼리 서로 깊이 연관되어 있다는 것을 깨닫는다.

우리는 함께 예배를 드리면서 하나의 독특한 공동체의 기억을 만들고, 공동체의 정체성을 형성하고, 하나의 비전을 나누면서 그 공동체의 미래를 결정한다. 그러므로 예배 공동체 형성은 모든 성도는 그리스도 안에서 한 몸 공동체로 형성하고, 나아가 한 백성으로 묶어 주면서, 공동체 전체가 함께 미래로 나아가도록 힘을 주고 결속시켜 주는 가장 중요한 코이노니아 사역이다.

내가 미국에서 처음 목회한 곳은 다문화 다인종 교회였다. 주일에 두 번 예배를 드리는데, 1부는 영어로, 2부는 한국어로 드리는 이중 언어를 사용하는 교회였다. 처음 그곳의 목회자로 부름을 받았을 때 그 교회가 요구한 것은, 두 언어로 예배를 드리지만 성경 본문과 설교의 내용을 동일하게 해달라는 것이었다. 비록 언어가 달라서 매 주일 함께 예배드리지 못하지만, '한 몸 공동체'이므로 같은 말씀과 설교를 들음으로써 하나의 공동체를 이루겠다는 것이다. 이 교회가 가장 중요한 목표로 삼는 것은 '하모니'(harmony)였다. 서로 사용하는 언어도 다르고 고향도 다른 사람들이 모여서 한 신앙 공동체를 이루는 가장 중요한 수단이 바로 한 예배 공동체, 말씀 공동체이다. 예배 공동체를 통하여, 모든 구성원들은 서로를 사랑하고 존중하는 인격적 관계를 이루면서 공동의 선, 공동의 유익을 향해 생명력 있게 나아가는 '한 공동체, 한 몸으로 살아가기'를 하는 것이다.

이처럼 '한 몸 공동체'라는 개념은 아주 중요하다. 한 몸이라는 의식이 있어야 교회를 개인이 아닌 공동체라는 기관으로 생각할 수 있기 때문이다. 때때로 교회가 분열이 일어나고 다툼이 있는 가장 큰 원인은 '공동체 의식'이 없기 때문이며, 공동체에 속한 구성원들이

한 몸으로 살아가는 데 실패했기 때문이다. 성도들이 교회가 공동체라는 사실을 기억하는 것은 공동체 형성과 유지를 위해 필요하다.

> 어느 날, 교회 소위원회에서 회의를 할 때였다. 평소에 자신의 의견을 강하게 피력하는 한 집사님이 그날도 역시 자신의 의견이 옳다고 모두 앞에서 강하게 발언하고 있었다. 몇몇 성도들 얼굴이 굳어졌다. 어떤 이는 괴로운 소리를 내기도 했다. 그러자 그 집사님은 강하게 주장하던 것을 멈추며, 미안한 듯 이렇게 말하고 더 이상 발언하지 않았다. "나는 몸이 아닙니다."

"나는 몸이 아닙니다." 이 말의 의미는 자신의 의견이 이 공동체의 의견이 되어야만 한다는 주장은 옳지 않다는 것이다. 자신은 지체에 불과하며 공동체 전체를 의미하는 몸은 아니라는 뜻이다. 자신이 아무리 옳다고 확신하는 일도 다른 사람들이 받아들이지 않을 때, 그는 바로 자신이 누구인지를 깨닫고 다른 사람들의 의견을 존중하는 모습을 보였다.

연합예배

예배공동체를 통하여 코이노니아를 이루는 것은 개교회 안에서만 이루어지는 것은 아니다. 한 마을에 여러 교단의 교회들이 존재하는데, 그들이 함께 모여 예배드리면서 더 큰 그리스도의 몸을 이루는 한 몸 공동체를 형성할 수 있다.

교회력에서 가장 중요한 절기들이 찾아올 때마다, 어느 마을에 있는 몇몇 교회들은 서로 교단은 다르지만 함께 예배하기를 기뻐한다. 장로교회, 감리교회, 침례교회, 백인 교회, 흑인 교회 등이 모인다. 서로 예배 형식도 다르고 설교의 내용과 초점도 다르다. 침례교회 목사가 설교할 때, 장로교인들은 무료해 하며 이해할 수 없다는 표정을 짓기도 한다. 장로교회 목사가 말씀을 전하면, 다른 교회 교인들은 듣기는 듣지만 아주 잘 호응하거나 이해하는 것 같아 보이지는 않는다. 그럼에도 불구하고 그들은 함께 예배하면서 하모니를 이루고, 예수 그리스도 안에서 서로를 존중하고 하나가 되려고 노력한다. 그들은 매우 인격적이며 서로를 존중한다. 서로 다른 예배 순서에도 불평하지 않고 잘 따르며 예배드린다. 연합예배를 통해 서로 다른 교회에 다니는 성도들이 한곳에 모여 그리스도를 주로 고백하고, 말씀과 성찬식을 통해서 한 하나님을 섬기는 한 가족, 한 형제임을 확인하는 경험을 한다.

이러한 연합예배 공동체는 그 마을에 살고 있는 모든 그리스도인을 하나로 묶는다. 그래서 마을에 어려움이 닥치거나 서로 도움이 필요할 때, 그들은 언제든지 서로를 돌보며 그 안에서 함께 그리스도를 섬기며 평화롭게 살아간다. 이렇게 연합예배를 통해서 지역의 코이노니아가 이루어진다.

성만찬

성만찬은 코이노니아를 형성하는 중요한 예전이다. 칼빈은 사탄이 가장 좋아하는 것은 교회가 성만찬을 행하지 않는 것이라고 말했다. 이형기는 코이노니아의 의미를 다음과 같이 말한다.

"삼위일체 하나님의 이름으로 세례를 받은 모든 그리스도인은 성령을 통하여 예수 그리스도의 몸의 지체들이 되고, 이 예수 그리스도를 통하여 하나님과 화해하여 삼위일체 하나님과 친교를 갖는다. 따라서 성령 안에서의 코이노니아는 삼위일체 하나님의 삶에의 동참에 근거하고, 교회 공동체의 삶에의 동참에 의하여 표현된다."[41]

이처럼 코이노니아의 개념은 하나님과의 사귐과 성도들간의 교제를 기초로 하며, 더 나아가 서로 다른 교파들의 다양성을 통한 일치까지 포함한다.

미국의 장로교회들은 매달 첫째 주일에 성찬식을 실시한다. 매월 하는 성찬식이지만 다양한 형태의 순서를 만들어서 진행한다. 교인들은 성찬식이 거행될 때마다 거룩하고 신비한 하나님의 은혜를 경

---

41) 이형기, 『에큐메니칼 운동과 에큐메니즘』, p. 93.

험한다. 어떤 성도들은 주님의 몸인 빵과 주님의 새로운 언약의 피인 포도주를 받을 때 눈물을 흘리며 '아멘, 아멘' 한다. 거의 모든 성도들이 거룩하고 신비한 이 예식에 참여하면서, 서로 섬기고 사랑하며 하나의 공동체가 되는 경험을 한다.

미국에서 오랫동안 성찬식을 집례하다가 한국에 오니, 여러 가지 차이가 눈에 보인다. 가장 먼저는 빵과 잔을 집례자가 가장 먼저 받는 것이다. 나는 지금까지 성도들에게 먼저 빵과 잔을 나누어 주고 그다음 분병과 분잔을 맡은 장로들에게 나누어 주고, 맨 마지막에 집례자인 내가 받았다. 그러나 한국 교회는 조금 달랐다. 그래서 그런지 이런 경험도 있었다. 우리 부부는 목사이지만 목사라고 사람들에게 공개적으로 광고하지 않아서, 그날 예배드린 교회에서는 우리가 목사인지 알지 못했다. 빵을 나누어 주는 차례가 되어, 우리는 두 손을 모아 앞으로 내밀어 빵을 받고자 했다. 그때 빵을 나누어 주시는 장로님이 남편 목사에게 "오른손" 하며 엄하게 꾸짖는 것이다. 남편이 왼손잡이이기도 했지만, 한국 교회는 성찬 빵을 받을 때 왼손을 오른손 위에 두도록 하기 때문에, 남편이 두 손을 모으면서 왼손을 오른손 위에 두었던 모양이다. 남편은 그 장로가 하는 말을 듣고, 불필요한 마찰을 피하기 위해 오른손을 왼손 위로 갖다 놓고 말없이 빵을 받았다. 코이노니아와는 거리가 먼 성찬을 받은 것 같았다. 빵을 나누어 주는 자와 받는 자 사이에 거리가 한참이나 멀었다. 서로의 섬김도 사랑도 느끼지 못했다.

미국의 어느 한인 이민교회는 성찬을 1년에 한 번만 거행한다고 한다. 1년에 적어도 네 번 이상을 하도록 교단 헌법에 명시되어 있음에도 불구하고, 그 교회를 개척하신 원로목사님은 성찬을 1년에 한 번만 하였다고 한다. 성도들은 성찬을 자주 하는 것이 익숙하지 않은 데다가 매번 성찬기를 씻는 일이 너무 번거롭다고 불평하였다. 꼭 이것이 원인이 되었다고 할 수는 없지만, 그 교회는 10여 차례가 넘게 분열하고 다투는 불행한 교회가 되고 말았다. 그 교회는 교회의 공동체성, 공동의 유익이라는 차원에는 관심이 없었다. 그것보다는 한 개인, 한 가족만을 위해 존재하는 교회로 전락했다. 그래서 그 교회는 교회가 공동체라는 사실, 예수 그리스도 안에서 한 몸이라는 사실을 기억하지 못하는 최악의 교회로 남게 되었다.

식탁 공동체

마리아 해리스는 "사랑은 처음부터 기독교 공동체의 과제였으며, 사랑은 코이노니아 사역의 주된 핵심이다"[42]라고 하면서 코이노니아의 중요성을 강조한다. 다시 말해서, 사랑은 코이노니아의 핵심인 것이다. 공동체 안에서 사랑의 교제를 나눌 수 있는 가장 일반적인 형태는 식탁 공동체이다. 한국 교인들은 유난히 함께 밥을 먹는 것을 좋아한다. 그래서 일상적인 인사도 언제나 "언제 밥 한번 먹자!"이다. 함께 밥을 먹는 것은 우리들에게 가장 큰 사랑의 교제 표현이다.

그렇다면 어떻게 교회에서 식사 교제를 통하여 식탁 공동체를 이루는 코이노니아를 할 것인가? 교회마다 식탁 교제에 대하여 의견이 많다. 식탁을 차리는 주방 봉사는 늘 시끄럽고, 교인들은 주일날 교회에서 먹는 점심 식사가 이래야 한다 저래야 한다 말이 많다. 이것은 식탁 공동체가 예배공동체만큼이나 코이노니아를 형성하는 데 중요한 역할을 한다는 사실을 명확하게 보여준다.

한국 교회는 주일 예배 후 식탁을 통하여 성령 안에서 풍성한 사

---
42) 마리아 해리스, 『교육목회 커리큘럼』, p. 92.

랑의 교제를 나누는 일을 중요시 해왔다. 그러나 이러한 식탁 공동체가 교회 공동체를 하나로 만드는 공동체 형성에 기여하는 측면에 대하여는 주의 깊게 생각해 오지 않았다. 이제는 식탁 공동체가 단순히 음식을 나누며 사랑의 교제를 나누는 것에서 더 나아가, 교회를 예수 그리스도 안에서 한 몸으로 세우는 일과 아주 밀접한 관계가 있고 영향이 크다는 것을 깨닫고, 식탁 공동체에 대한 교육목회적 의미를 배우고 실행할 필요가 있다.

식탁 공동체를 잘 이루고 있는 한 예를 들어 보겠다. 이 교회는 식탁 교제를 통하여 풍성한 사랑을 나눈다. 그 사랑으로 성도들은 서로를 돌보며 아끼고 한 몸으로 살아가는 공동체가 된다.

> 어느 교회는 새로 성전을 지으면서 교회 식당에 식탁과 의자를 배치하지 않았다. 넓은 홀에는 한 쪽에 커피와 도넛을 마련해 놓은 식탁을 제외하고 1,000명이 넘는 성도들이 예배 후 식탁에 앉아 식사를 하지 않는다. 커피 한 잔에 도넛 하나를 들고 확 트인 넓은 식당 공간에서 마음껏 만나고 싶은 성도를 만나 인사하고 대화한다. 간단한 점심 식사를 하는 동안, 성도들은 적어도 몇 십 명의 성도들을 만나서 인사하고 대화하며 사랑의 코이노니아를 실천한다.

그러나 어느 교회는 식탁 교제가 공동체를 살리기보다는 오히려 식탁 교제를 통하여 공동체가 분열되고 서로 대화하지 않음으로써, 계속해서 교회의 분열이 발생했다.

그 교회는 교회의 식당에 여러 개의 식탁과 의자가 배치되어 있고, 그 식탁마다 앉아야 하는 사람들이 정해져 있다. 한 식탁은 나이 든 남자 성도들, 다른 하나는 나이 든 여자 성도들을 위해, 그리고 나머지는 젊은 남성과 여성, 그리고 아이들을 위한 식탁으로 고정되어 있다. 어느 누구도 이 질서를 깨뜨릴 수 없다. 새 목사가 그 교회에 부임하여 그 광경을 보고, 이런 모습은 진정한 하나님 나라의 모습이 아니라고 생각했다. 그래서 고정된 식탁의 자리를 섞어 놓았다. 하지만 그다음 주에 누가 그랬는지는 모르지만, 식탁은 원래대로 정해진 사람들이 앉도록 다시 배치되었다.

이 교회의 식탁 교제는 공동체가 살아서 숨 쉬고 움직이는 유기체적인 성격을 상실했다. 서로 대화도 하지 않는다. 서로를 알려고 하지도 않고 벽을 쌓고 맘에 맞는 사람들끼리만 친하게 지낸다. 이런 식탁 교제는 결코 신앙 공동체를 형성할 수 없고, 오히려 공동체를 파괴한다.

식탁 교제를 위한 주방 봉사 이야기도 여기서 빼놓을 수 없다. 식탁을 준비하는 봉사자들의 모습은 바로 식탁 교제로 이어지기 때문이다. 식탁을 차리는 주방 봉사는 교회의 봉사 중에서 가장 비중이 큰 것이다. 교회에서 식탁을 준비하는 손길들이 은혜가 넘치고, 진심으로 식탁 교제를 위한 사랑의 봉사를 할 때 진정한 식탁 공동체로서의 코이노니아도 이루어진다고 할 수 있다.

어느 교회는 새로 목사님이 오셔서 열심히 목회한 결과, 매 주일 새가족들이 오기 시작했다. 새가족들은 교회에 와서 말씀으로 하나님의 은혜를 체험하고, 교회를 위해 무엇인가를 봉사하고 싶은 믿음도 자랐다. 몇몇 여자 성도들이 식탁준비를 위한 봉사를 자원했다. 그런데 이미 봉사하고 있는 봉사자들이 새로 들어오는 봉사자를 환영하지 않았다. 그들이 마지막 설거지나 청소를 도우려고 주방에 들어와도 설거지 도구나 청소도구가 어디 있는지 어떻게 청소해야 하는지 알려 주지 않는다. 무언의 거부 행동을 한 것이다. 결국 은혜받은 새가족들은 주방에 들어가 봉사하는 것을 포기했고, 시간이 조금 지나자 교회를 떠나 버렸다.

식탁 공동체는 서로 용납하고 받아들이는 자리가 되어야 한다. 그래서 서로 치유하고, 격려하고 지원하는(support) 공동체를 형성하는 분위기가 매우 중요하다. 그러한 분위기 속에서는 서로를 돌보고, 서로에게 무엇이 필요한지 알아채서 필요를 채워 주려는 상호 교감이 일어나고, 영적으로 건강하게 자라도록 세워 주는 일들이 자연스럽게 일어난다. 이럴 때 진정한 코이노니아를 이루는 것이다.

코이노니아의 덕목-환대

"세계가 폭력에 물들어 타락해가고 있는 상황에서 하나님은 우리에게 새로운 공동체를 만들 것을 명령하고 계십니다. 소속감을 느낄 수 있고 뭐든지 함께 나눌 수 있으며 평화와 따스함이 가득한 곳, 굳이 나 자신을 방어할 필요도 없으며 서로 깊이 사랑하고 약점까지 보듬어 안을 수 있는 곳, 장애인과 비장애인이 서로 편견 없이 함께 어울릴 수 있는 그런 공동체, 이것은 교회에 대한 나의 비전이기도 합니다. 친밀하게 연결되어 있어 함께 무엇이든 나눌 수 있는 공동체가 진정 교회의 모습이어야 할 것입니다."[43]

기독교 전통에서 환대란, 주인이 손님에게 너그러이 베풀면 손님도 주인을 축복하는 '관계 중심'의 나눔이었다. 환대란 거래가 아니었고, 관계가 존재하지 않는 자선 활동도 아니었다. 오히려 그것은 서로에게 있는 하나님의 형상을 발견하고, 또 상대를 지상에 단 하나뿐인 하나님의 형상으로 존중함으로써, 진정한 자신(손님과 주인 모두)의 모습을 상대방에게 노출할 수 있는 안정감 있는 공간이었다.[44] 교회 공동체는 이런 환대를 베푸는 공동체가 되어야 한다(요 15:12-17; 롬 5:10; 벧전 2:10;).

진정한 코이노니아

앞에서도 언급한 것처럼, 사람들은 두세 명의 친한 성도끼리 친밀감 있게 교제하고, 예배 후 교회 식탁에서 몇몇이 둘러 앉아 유쾌히 식사를 마치면 성도들 간의 교제와 사귐을 훌륭히 하고 있다고 생각한다. 그렇게 생각한다면 그들은 진정한 코이노니아를 이해하지 못한 것이다. 교회 안에서 2~3명의 친한 성도들이 있어 그들과 친밀하게 사귄다고 해서 진정한 코이노니아를 형성한 것은 아니다. 전체가 신앙 공동체를 이루어야 한다. 이것이 가장 중요한 코이노니아이다. 그래서 진정한 코이노니아를 이루려면, 예수 그리스도 안에서 한 몸을 이루고 세워 나가는 것이 교회가 가장 먼저 해야 할 일이라

---

43) 크리스토퍼 스미스, 존 패티슨, 『슬로처치』, p. 289.
44) 크리스토퍼 스미스, 존 패티슨, 『슬로처치』, p. 300.

는 것을 인식해야 한다.

또한 코이노니아는 교회 안에서 이루어짐과 동시에 세상 모든 사람에게 하나님의 진리가 선포되어, 온 세계가 성령 안에서 하나님의 진리를 깨닫는 경험을 할 수 있도록 해야 한다. 그러므로 교회는 성도들로 하여금 공동체와 공동체 간, 국가와 국가 간, 세계 속에서 그리스도를 믿는 사람들과의 코이노니아를 이루는 일에도 소망과 사명감을 갖도록 교육해야 한다. 왜냐하면 코이노이아의 궁극적인 목적은 이 땅에 하나님 나라를 이루는 일이기 때문이다.

코이노니아 형성을 위한 교육목회 커리큘럼의 실제

●●●

　교육목회는 교회를 신앙 공동체로 존재하게 하는 모든 교회 생활의 형태들을 다시 형성하고 설계하여, 교회를 하나님의 뜻을 실현하는 신앙 공동체로 만드는 데 목적을 둔다.

　교회를 그런 거룩한 신앙 공동체요 하나님 나라를 지향하는 공동체로 형성해 나가기 위해서는 코이노니아 사역이 가장 중요하다. 왜냐하면 코이노니아는 그리스도를 중심으로 하여 하나님과 이웃과의 관계 속에서 이루어지는 교제를 말하며, 나아가 신앙 공동체의 공동체성 자체를 의미하기 때문이다.[45] 이러한 공동체성을 형성해 주는 코이노니아 사역의 핵심은 사랑이다(요 15:12; 엡 3:17-19; 요일 3:11, 4:11). 사랑의 교제는 우리로 분열을 치유하고 상처를 극복하고 온전함을 성취하도록 하면서, 교회가 코이노니아 자체로 존재하게 돕는다.

　교회 안에서 코이노니아가 형성되려면, 교회는 이를 이루는 교육

---

[45] 설은주, "제4차 산업혁명 시대의 교회의 본질인 코이노니아", 김도일 편, 『제4차 산업혁명 시대의 교육목회』(서울: 한국기독교교육협회, 2018), p. 320.

공동체가 되어야 한다.[46] 먼저, 교회가 한 하나님의 가족으로 형성되도록 교육해야 한다. 예수 그리스도 안에서 한 하나님의 가족을 이루기 위해서는 동일한 신앙고백, 한 성령의 감동적인 역사, 말씀과 성찬식, 이런 것들을 통해 한 가족을 이루는 신앙적인 경험을 해야 한다. 그래서 코이노니아 사역에서 성만찬, 통합 세대 예배와 교육 프로그램 등이 필요하다.

둘째, 신앙이 자라고 성숙하기 위해서는 격려하고 지원하는 공동체가 필요하다. 이를 위해서는 교회 안에서 서로 돌보고 필요를 채워 주고 영적으로 서로 권면하고 배우는 상호작용이 일어나도록 하는 교육 프로그램들을 디자인해야 한다. 이러한 코이노니아를 위한 교육 프로그램을 경험하면서, 성도들 개개인의 분리된 정체성을 그물망처럼 결속시켜 하나의 공동체를 형성하게 되고, 그리스도 안에서 하나의 유기체로 발전한다.

신약성서에 나타난 초대교회의 코이노니아는 배타적이고 폐쇄적인 공동체가 아니라, 모든 사람을 포용하시는 하나님 안에서 한 가족을 이루는 열린 공동체였다. 혈연으로 형성된 가족공동체도 중요하지만, 초대교회는 민족과 인종, 계급을 넘어서 하나님의 자녀들의 새로운 가족공동체를 코이노니아를 통해서 형성해 갔다.[47] 다시 강조하지만, 코이노니아를 형성하기 위해 가장 우선되는 교육은 '새로운 하나님의 가족 공동체'를 형성하는 것이다. 요즘 많은 교회가 세대 간 통합 예배를 드리는데, 여전히 가족지향적인 형태를 띠고 있으면서 많은 한계점을 드러낸다. 오늘날에는 세 세대가 모여 가족을

---

46) 설은주, "제4차 산업혁명 시대의 교회의 본질인 코이노니아", 김도일 편, 『제4차 산업혁명 시대의 교육목회』, p. 321.

47) 설은주, "제4차 산업혁명 시대의 교회의 본질인 코이노니아", 김도일 편, 『제4차 산업혁명 시대의 교육목회』, p. 319.

이루는 일이 힘들게 되었다. 세 세대가 있더라도 한 교회에 3대가 다 출석하는 일도 드물다. 혼자 세대를 이루는 가정도 많다. 이렇게 다양한 가족 형태들로 인하여 현대 교회는 혈연 중심의 세대 간 그룹 활동보다는, 예수 그리스도 안에서 한 가족을 이루는 확대가족 개념을 채택하는 것이 절실히 필요하다. 그러므로 세대 간 통합예배를 드리기 전에 먼저 '하나님의 가족 공동체'로서 한 공동체를 형성하게 하는 것이 더 중요하다.

어느 교회는 매달 첫 번째 주일에 통합 세대 예배를 드린다. 점점 젊은 세대들이 교회를 떠나고 신앙의 대 잇기에 실패하면서, 이 교회가 찾은 대안이다. 통합 세대 예배를 드리고부터, 멀리 떨어져 사는 조부모, 부모, 손자 세대가 주일마다 만나서 예배 후 함께 점심 식사를 하고 이야기를 나누며 다시 연결되었고, 신앙의 대를 잇는 긍정적인 일들이 일어나고 있다. 그러나 홀로 식사를 해야 하는 혼밥족, 부모 없이 교회에 출석하는 어린이, 청소년, 청년들은 이 주일예배를 고통스러워한다.

통합 세대 예배를 드리려면, 먼저 전체 공동체가 예수 그리스도 안에서 한 가족을 이루는 경험과 결속을 한 이후에 혈연 중심의 통합 세대 예배를 시도해야 한다. 그렇지 않으면 자칫 혈연 중심의 가족공동체가 이루어지는 효과는 있을지 모르지만, 세 세대가 교회에 출석하지 못하는 성도들은 오히려 공동체에서 소외되고 전체 회중이 한 하나님의 가족공동체를 이루는 일에는 실패할 수 있다.

또 다른 예를 들어 보자. 이 교회는 '새로운 하나님의 가족 공동체'를 이루지 못한 사례이다.

어느 교회는 모든 교회 광고를 예배 시간에 하지 않는다. 모든 광고는 이메일을 통해서 보낸다. 일부 나이 많은 성도들은 심하게 불만을 표했다. 그들은 이메일을 사용할 줄 모르기 때문이다. 그래서 그들은 교회의 광고를 볼 수 없다. 그러나 교회는 계속 이 방법을 고집하면서 나이 많은 성도들의 고충에 귀 기울이지 않았다. 그래서 그들은 심하게 소외감을 느끼며 교회를 떠나려고까지 한다.

이런 교회와 달리 코이노니아를 잘 형성해 가는 교회도 있다. 그 교회는 코이노니아를 위한 교육목회 커리큘럼을 디자인하고 실행하는 교회이다. 그런 교회 공동체는 신앙적이 되고, 한 하나님의 가족을 형성하여, 그 안에서 성도들이 서로 격려하고 지원하는 일이 일어나면서 신앙이 성장한다. 그래서 교육목회 커리큘럼을 디자인하는 것이 중요하다. 어느 교회이든, 다음에 제시하는 코이노니아를 위한 교육목회 커리큘럼을 통해서, 교회 공동체가 신앙 공동체, 교육 공동체로 형성되어 갈 수 있다.

코이노니아를 형성하는 예배와 예전

교회가 행하는 공동체의 예배와 세례와 입교 같은 예전은, 우리를 한 하나님의 백성으로 만들고 한 몸을 이루게 해준다. 우리가 그렇게 느끼고 경험하듯이, 다른 성도들도 예배를 통하여 한 공동체를 형성한다. 또한 세례와 성만찬을 통하여 성도들은 그리스도 안에서 하나가 되고, 또 교회가 하나의 공동체라는 것을 확인하고 함께 살아간다. 교회가 드리는 예배와 세례와 성만찬 같은 예전은 코이노니아를 이루는 가장 중요한 교회 사역이다.

칼빈은 교회가 행하는 세례와 성만찬의 중요성을 말한다. 그는 "주께서 우리의 연약한 믿음을 지탱시켜 주시기 위하여 우리를 향한 그의 선하신 약속들을 우리의 양심에 인 치시는 하나의 외형적인 표지(sign)이며, 또한 우리 편에서는 주와 그의 천사들과 사람들 앞에서 그를 향한 우리의 경건을 인증하는 표지"[48]라고 했다. 즉 우리를 향하신 하나님의 은혜를 외형적으로 보여주시는 증표가 바로 세례와 성만찬이라는 것이다. 그리고 성도들은 세례를 받고 성만찬에 참여하면서, 우리의 신앙과 경건을 표현한다는 것이다. 어거스틴은 성례를 가리켜 "신성한 것에 대한 가시적인 표지" 혹은 "불가시적인 은혜의 가시적인 모습"이라고 했다.[49]

하나님께서는 예배와 예전을 통해 계속해서 우리에게 은혜를 베푸신다. 우리는 믿음이 연약하여 언제나 흔들리고 동요한다. 이런 우리의 약함을 하나님이 아시고 긍휼과 자비를 베푸셔서, 우리가 하나님의 진리와 믿음 위에 굳게 서서 나아가도록 만드신 것이 바로 예배와 예전이다. 예전은 성례를 말하며, 성례란 헬라어로 '뮈스테리온'(신비), 라틴어로는 '사크라멘'(신적인 것), 영어는 '사크라멘트'(sacrament)인데, 숭고하고 고귀한 것이라는 의미를 갖고 있다.

성도들은 예배와 세례와 성찬을 통하여 하나님을 맞이하고, 예배와 이러한 거룩한 예식에 참여함으로써 하나님이 성령을 통하여 주시는 은혜를 받아 열매를 맺고 힘을 얻어 성도로서 살아간다.

---

48) 존 칼빈, 원광연 옮김, 『기독교강요(하)』(서울: 크리스챤 다이제스트, 2003), p. 333.
49) 존 칼빈, 『기독교강요(하)』, p. 333.

성찬식

성찬식은 예수 그리스도의 살과 피를 받음으로써, 모두가 예수 그리스도 안에서 한 몸임을 강화시키는 귀중한 의식이다. 성만찬이 갖는 기능 가운데 '성도의 교제로서의 성만찬'(The Eucharist as Communion of the Faithful)이 있는데, 성령의 임재에 의해 그리스도의 현존을 경험한 교회의 감사와 찬양의 행위가 성도 간의 교제를 이룬다. 떡과 포도주를 먹고 마심으로써 우리는 그리스도와 하나 되고, 동시에 하나님의 백성과 하나가 되며, 나아가 이 세계와 역사와도 하나가 되는 경험을 한다. 성만찬은 모든 사람들을 한 하나님의 가족으로, 형제와 자매로 화해하게 하는 사건이다.

"예수님은 잔치를 베푸는 주체이자 동시에 잔치에 쓰일 음식, 즉 생명의 근원이다."[50] 하나님은 우리를 하나님의 자녀로 받아들이기 위해 큰 대가를 치르셨다. 바로 그리스도의 살과 피이다. 그의 희생의 피로 우리는 하나님과의 관계를 회복했고, 우리는 성찬을 통해 이를 기념한다.

교회에서 행하는 성만찬은, 하나의 교회가 되고 그리스도의 몸을 이루는 공동체가 되는 것을 배우는 가장 중요한 의식이다. 한 장소에서 하나의 빵과 공동의 잔을 나눈다는 것은, 어느 때 어느 곳에서라도 거기에 참여하는 자들이 그리스도와, 그리고 함께 성찬에 참여한 자들과 하나 됨을 말해 주며, 그러한 체험을 하게 된다. 다시 말하면, 그리스도의 살과 피를 받은 모든 지체들은 그리스도 안에서 같은 신앙을 고백하고 동일함을 경험하면서, 하나의 독특한 공동체를 이루어 간다고 할 수 있다. 성만찬의 또 다른 명칭인 '커뮤니온 서비스'(communion service)는 바로 이런 성도의 교제를 나타내 주

---

50) 크리스토퍼 스미스, 존 패티슨, 『슬로처치』, p. 301.

는 단어로서, 그리스도 안에서 한 몸임을 강조하는 바울의 서신(고전 10:16-17, 11:17-22) 등에서 그 신학적 의미를 찾아볼 수 있다. 성만찬은 모든 사람을 그리스도 안에서 한 하나님의 백성의 공동체로 묶는 가장 중요한 교회 생활이다. 이 성만찬을 행함으로, 하나의 그리스도의 몸으로서 완전한 코이노니아를 이룰 수 있다.

어느 교회는 한 교회 안에 각기 다른 언어를 사용하는 두 무리의 회중이 있다. 영어를 사용하는 회중과 한국어를 사용하는 회중이다. 영어 회중은 그들의 예배 전통에 따라 매월 첫째 주일에 성찬식을 시행해 왔으며, 한국어 회중은 1년에 1회 성찬식을 시행해 왔다. 그러다가 각기 언어는 다르지만 예수 그리스도 안에서 한 몸으로 살아가는 공동체를 이루기 위해 함께 성찬식을 하도록 계획하였다. 1년에 4회로 이중 언어로 드리는 합동 예배 때 실시하였다. 모든 성찬예식 순서는 한국어와 영어로 동일하게 되어 있으며, 각각의 회중의 대표들이 공동으로 성찬예식을 위해 봉사하도록 하였다. 성찬의 메시지는 모두가 한 그리스도의 몸과 피로부터 구원을 얻은 한 공동체임을 강조하였다. 그리고 한 공동체가 되도록 예수 그리스도가 성찬과 함께 힘을 주신다는 것을 확신하도록 하였으며, 영적으로 강화된 성도들은 세상과 지역사회를 섬기기 위해 평화와 사랑의 사도가 되어 살도록 격려하였다.

성만찬은 삶의 모든 측면과 관계한다. 그것은 하나님께서 온 세상을 위해 주시는 감사의 선물이다. 성만찬은 우리 모두가 하나님 안에서 한 가족이 되고 화해하고 용서하도록 부르신 축하의 자리이다. 그것은 사회적·경제적·정치적인 우리의 모든 삶 속에서 적절한 관계들을 추구하도록 끊임없이 우리에게 힘을 제공한다(고전 11:20-22; 갈 3:28). 그래서 우리가 성만찬을 통하여 그리스도의 몸과 피를 나눌 때, 모든 종류의 부정의, 인종주의, 분리, 그리고 자유의 결핍은 격렬하게 도전을 받는다.[51] 기독교윤리와 도덕은 오직 성만찬 공동체 및 더 넓은 창조세계에 뿌리를 두고 있고, 그것에 의해서만 형성되고 완전하게 정의될 수 있다고 본다.

어느 교회는 수십 개국에서 온 교인들로 이루어진 다문화 교회이다. 성찬상에 올려놓는 성찬기나 러너(runner), 그리고 꽃들을 각자 독특한 방식으로 장식함으로써, 다양성을 인정하면서 동시에 그것들을 그리스도 안에서 하나 됨을 이루는 상징들로 사용한다. 각 나라마다 성찬예식에 사용하는 성찬기와 러너, 꽃 장식들이 비슷하기도 하지만 확실히 서로 다르다. 예를 들면, 남아메리카의 기아나에서는 성찬상에 반드시 흰 꽃을 올려놓는다. 반면, 다른 나라들은 여러 가지 색의 꽃들을 사용한다. 서로가 다른 전통과 문화를 가지고 있으나, 존중해 주고 그것들을 사용하도록 배려하면서 그리스도 안에서 하나의 몸을 이루는 것을 추구한다.

세례식

나는 미국에서 목회하면서 목사가 되어 처음으로 유아세례를 베풀었다. 남아메리카의 푸에르토리코(Puertorico)에서 이민

---

51) 이형기, 『에큐메니칼 운동과 에큐메니즘』, p. 430.

을 온 가정이었는데, 아이와 함께 사는 부모와 조부모가 당연히 함께 세례식에 참여하여 서약을 하였다. 또한 멀리 다른 주에서까지 친척들이 와서 그 아이의 유아세례식을 축하하고, 그 아이를 주님의 말씀대로 잘 양육하겠다고 서약하였다. 온 교우가 그 아이가 그 교회의 교인 됨을 선언하고 축하해 주었다.

유아세례와 세례는 예수 그리스도를 믿는 믿음의 공동체의 일원이 되는 것을 선포하는 예식이다. 세례를 통하여 죄인인 나 자신은 죽고, 예수 그리스도와 연합하여 새로운 피조물로 거듭나는 것을 온 교회 공동체 앞에서 인정받는 예식이다. 세례는 예수 그리스도와 하나 되고 온 신앙 공동체와 하나 되는 귀중한 예식이다. 그러므로 웨스트민스터 예배모범은, 세례식을 반드시 목사들만 행할 수 있고, 사적으로 개인적인 장소에서 행할 수 없고 공적인 예배 때 집행하며, 사람들이 가장 편하게 듣고 볼 수 있는 회중 앞에서 행하도록 했다.[52]

통합 세대 예배

앞에서도 언급한 것처럼, 코이노니아를 이루기 위해 통합 세대 예배는 꼭 필요하다고 하였다. 함께 예배를 드리면서 모든 세대의 사람들은 한 공동체로서의 경험을 나누고, 서로의 가치를 수용하며, 하나 되려고 노력하게 된다. 그래서 통합 세대 예배는 교회 공동체 안의 서로 다른 세대들이 함께 성장하고 교류할 수 있는 기회가 된다. 교회는 절기, 특별한 교회 행사 때 전 세대가 함께 예배를 드리는 것을 계획할 수 있다. 이런 통합 세대 예배는 서로 다른 세대들

---

52) 토머스 레쉬만, 정장복 역, 『웨스트민스터 예배모범』(서울: WPA, 2015), p. 57.

이 갖는 오해와 편견을 감소시켜 주고, 세대 간에 공통된 가치와 신앙을 공유할 수 있게 하는 효과가 있다. 이럴 때는 어른 예배의 형식에 아이들만 앉혀 놓는 방식으로 드리는 것보다, 평소의 주일 예배와는 다른 예배 순서와 형식으로 진행하는 것이 좋다. 연도문 기도, 연극을 통한 성경 봉독, 통합 세대 활동, 어린이 설교, 모두가 참여하는 순서 등으로 통합 세대 예배를 드리며 하나가 된다.

전 교인 캠프

뉴저지의 어느 교회는 매년 9월이 되면 존슨벅 캠프장(Jonsonburg camp)에서 전 교인 캠프를 실시한다. 여러 사정으로 온 교인이 다 오기는 어려워서, 참석하지 못하는 교인들은 교회에서 주일 예배를 드리고, 캠프에 참여하는 가족들은 토요일 오전부터 주일 오후까지 이 캠프장에 함께 머문다.

오전에는 아침 기도회와 찬양, 그리고 주제에 맞는 성경공부와 토론의 시간을 갖고, 오후에는 하이킹, 카약 타기, 보트 타기, 레버린스 걷기, 수영, 운동 등 다양한 레저와 활동을 한다. 저녁에는 다시 모여 기도와 찬양, 서로를 알아가는 인간관계를 하며, 마지막에는 예배와 성찬식을 야외 예배터에서 하고 마친다.

전 교인 협력 작업

어느 장로는 본래 약사였으나 예술에 관심이 많아 사진도 찍고 그림도 그려서 전시회도 종종 한다. 그는 교인들에게 자신이 가진 아이디어를 제공하고, 모든 교인들이 함께 공동 예술 작업을 할 기회를 제공한다.

● 십자가 만들기 - 사순절에는 주일예배 후 전 교인에게 여러 모

양의 작은 나무 십자가를 나누어 주고, 물감으로 색을 칠하고 자신들만의 십자가를 만들어 보게 한다. 전시한 다음 집에 가져가서, 사순절 기간 동안에 기도하며 사용하게 한다.

● 마스크(Mask) 만들기 - 전교인 수련회의 주제가 '마스크'(mask)였다. 우리는 모두 자신을 드러내지 않는다. 모두 가면을 쓰고 사는 것 같다. 교인들로 하여금 자신만의 고유한 가면을 만들게 했다. 그리고 자신은 어떤 가면을 쓰고 자기를 드러내려 하지 않는지 각자 마음을 열고 이야기하면서, 가면을 벗고 서로를 이해하는 시간을 갖는다.

● 공동 배너(banner) 만들기 - 다양한 인종이 함께 모인 다문화 교회이지만, 이날만큼은 한 마음으로 '성령강림주일'을 맞이하여 성령님을 기다리며 배너(banner)를 만든다. 각기 다른 자기 나라 말로 '성령'을 써 본다. 그러면서 한 배너(banner) 안에서, 그들 모두가 하나의 가족이 되었음을 체험한다.

● 종려주일 - 모든 교인들이 함께 종려나무 가지로 십자가를 만들고, 나귀를 탄 아이의 뒤를 따라가며 '호산나! 호산나!'를 외치면서 교회를 한 바퀴 돌고, 찬양하며 예배당으로 들어가서, 종려주일에 예루살렘 성으로 들어오시는 예수님을 따르는 무리가 되어 본다.

● 성령강림주일 - 성령강림주일에는 흰색과 빨강색 막대 끈을 만들어 들고, '성령이여 오소서'라는 찬양을 힘차게 하며 만든 막대 끈을 흔들면서, 성령께서 오셔서 우리를 강건하게 하시고 새롭게 하시기를 기원한다.

이렇게 다양한 활동을 통해, 다양한 연령층의 사람들이 모여 공동작업을 함으로써 신앙 공동체 안에서 세대 상호 간 소통하고 나누고 배우고 경험하는 것은, 코이노니아를 이루는 유익하고 교화적인 방법이다. 이외에도, 성서의 일반적인 내용을 주제로 하여 모여서 토론하거나, 예술 활동을 통해서 말씀을 나누고 표현하거나, 교회의 특별한 절기 행사 등을 위하여 공동으로 협력하는 일들을 할 수 있다.

확대가족 그룹 활동(Family Cluster)[53]

설은주는, 확대가족 그룹 활동이란 가족구성원 또는 가족과 가족이 모여 친교, 예배, 심리적·영적 성장, 가정의 성숙을 이루기 위해 하는 활동이라고 말한다. 가족 집단 활동은 전 가족이 참여하는 공동의 학습 경험이다. 이 가족 집단은 가정의 문제나 병리적 현실을 감추지 않고 있는 그대로 드러내고 또한 수용하며, 가족 집단 내의 구성원들 모두 함께 배우고 성장하기 위한 활동을 하는 것을 목적으로 형성된 집단이다.[54] 가족 집단의 형태는 여러 가지가 있을 수 있다.

음식 함께 나누기(Pot Luck)

어느 교회는 어느 한 사람이 주도적으로 식당을 운영하고 음식을 만들지 않는다. 한 가정에서 한 접시씩을 만들어 와서 함께 나누어 먹는다. 이탈리아에서 온 교인은 파스타와 라자냐와 샐러드를, 일본 출신 교인은 스시를, 한국에서 온 교인은 불고기

---

[53] 이 용어는 설은주가 그의 글에서 사용한 용어를 그대로 사용하였다.(설은주, "제4차 산업혁명 시대의 교회의 본질인 코이노니아", 김도일 편, 『제4차 산업혁명 시대의 교육목회』, p. 330.)

[54] 설은주, "제4차 산업혁명 시대의 교회의 본질인 코이노니아", 김도일 편, 『제4차 산업혁명 시대의 교육목회』, p. 331.

코이노니아 형성을 위한 교육목회 커리큘럼의 실제

와 김치를, 아프리카 교인은 이름을 알지 못하는 아프리카 음식을, 인도 출신 교인은 치킨 커리와 망고푸딩을, 중국 2세 교인은 만두와 야채볶음을 만들어 온다. 이외에 다른 가정에서 갖가지 샐러드와 디저트들을 만들어 와서 풍성한 식탁을 차려 놓고 함께 교제한다. 참여자들은 다양한 음식을 나누며 하나 된다.

우리가 누군가와 함께 식사한다는 것은 우리가 할 수 있는 가장 친밀한 교제의 방식임이 틀림없다. 식탁은 나와 상대의 약점을 드러내는 공간이자 서로의 존재를 인식하는 공간이다. [55]

세계성찬주일(World-Wide Communion Service)

문화 교류(cross culture)를 목적으로, 매년 미국 뉴저지(New Jersey)주 펠리세이드 노회(Palisades Presbytery) 소속 몇 교회들이 함께 모여 세계성찬주일을 지킨다. 흑인 교회, 백인 교회, 한국인 교포 교회 모든 성도와 목회자들은 해마다 한 교회에 모여 함께 주의 만찬을 나누며 아름다운 교제를 하고, 그 교회가 베푸는 식탁 공동체에 참여한다.

미국 장로교회는 1986년에 200여 년간의 분열을 접고 하나의 총회 아래 완전한 유기체적 일치를 이루어 내었다. 한국장로교회는 1980년 10월 예장 통합, 합동, 고신 및 기장을 회원으로 하는 '한국장로교협의회'를 발족하여 지금까지 여러 협의체를 구성했으며, '장로교 협의회'를 통해 장로교 일치를 추구하고 있다. 우리 한국 교회는 교파 내의 교회 연합과 교파 대 교파의 연합을 통하여, 유기체적

---

55) 크리스토퍼 스미스, 존 패티슨, 『슬로처치』, p. 301.

가시적 일치를 추구해야 할 사명이 있다. 나아가서 장로교, 감리교, 회중교회, 성공회가 다양성 속에서 일치를 이루어, 하나님의 선교와 정의를 위해 함께 나아가야 할 것이다.

"우리 개혁교회는 우선 장로교 안에서의 유기체적 일치(PCUSA, 미국장로교회처럼)를 추구하기 위하여 그것의 전 단계로서 강단을 교류하고 서로 간에 상대방의 세례와 성만찬과 교회 회원권과 직제를 인정하는 수준에서 '화해된 다양성 속에서의 일치'(unity in reconciled diversity)를 추구해야 하고, 나아가서 타 개신교파들하고도 이와 같은 일치 모델을 따라서 화해와 연합을 추구해야 할 것이다.'[56]

세계성찬주일 목회 기도문 [57]

Gracious God
Thanks for having worldwide communion Sunday.
Bless all churches to have communion in the world.
Make all churches in the world be one.
Bless our church and all members.
Pour out your Holy Spirit upon us.
And upon these your gifts of bread and wine,
may be the communion of the body and blood of Christ.
By your spirit unite us with the living Christ

---

[56] 이형기, 『에큐메니칼 운동과 에큐메니즘』, p. 101.
[57] 이 세계성찬주일 기도문은 내가 다문화 교회를 목회하며 실제로 사용했던 기도문이다.

And with all who are baptized in his name,
that we may be one in ministry in every place.
As this bread is Christ's body for us,
Send us out to be the body and witness of Christ in the world.

은혜로우신 하나님 아버지.
오늘 세계성찬주일로 지내게 하심을 감사드립니다.
전 세계의 모든 교회 위에 복 내려 주시고
전 세계의 모든 교회를 주님이 베푸신 성찬을 통하여
하나 되게 하옵소서.
우리 교회에도 복 내려 주옵소서.
우리 교회 모든 성도에게도 복 내려 주옵소서.
성령을 우리에게 물 붓듯 부어 주시고,
영적으로 강한 교회, 성도가 되게 하여 주옵소서.
오늘 가질 성찬 위에 복 주셔서
하나님의 영이 임하는 만찬 되게 하시고
우리가 성찬을 통하여 한 형제자매임을 확인하고
서로 사랑하고 하나 되는 역사가 있게 하옵소서.
성찬을 통하여 영적인 힘을 얻게 하셔서
세상에 나가 그리스도의 증인으로 살게 하옵소서.

이형기는 이렇게 말한다. "교회의 일치는 사도적 신앙에 대한 공통된 고백 속에서 주어지고 또한 표현된 코이노니아로서 구현된다. 이 코이노니아는 하나의 세례를 통해 시작되었고, 하나의 성찬식 교제 속에서 함께 기념된다."[58]

세계교회의 모든 교회는 10월 첫째 주일에 다 같이 성찬식을 거행하면서, 우리 주 예수 그리스도를 하나님과 구세주로 고백하고, 성부와 성자와 성령 삼위로 일체 되시는 하나님의 영광을 위한 교회의 공동 소명을 함께 성취하려고 한다. 이렇게 같은 날 세계 곳곳에서 함께 성찬식을 하면서, 모든 교회는 한 하나님을 섬기는 공동체가 되는 경험을 한다.

소그룹 사역

사람들은 거대한 집단 속에서 존재 가치가 없고 보잘것없는 구성원이 되기를 원하지 않는다. 그들은 인격적으로 존중받고 인정받으며, 스스로가 선택한 조직에 적극적인 참여자로서 조직의 의미 있는 존재가 되어 만족을 얻으며 살아가기 원한다. 교회 안의 작은 교회인 소그룹은 회원 간의 하나 됨과 코이노니아를 발전시켜 준다. 기독교 초기부터 소그룹들은 기독교인들이 그들의 신앙을 정립하고, 증거의 사역을 확장하는 것을 돕는 데 중요한 역할을 담당해 왔다.[59]

성장하는 교회들을 살펴보면, 그 교회 안에서 적극적으로 활동하는 작은 모임들이 많이 있다. 건강한 소모임은 사람들을 결속시켜 주는 다이내믹한 힘을 갖고 있다. 사람들은 소모임에서 자기들의 문제와 관심들에만 집중하지 않고, 서로를 지지해 주고 격려하면서 하나로 결속하는 공동체적 존재라는 사실을 깨닫는다.

---

58) 이형기, 『에큐메니칼 운동과 에큐메니즘』, p. 93.
59) 설은주, "제4차 산업혁명 시대의 교회의 본질인 코이노니아", 김도일 편, 『제4차 산업혁명 시대의 교육목회』, pp. 327-328.

소모임의 핵심은 구성원들끼리 자신들의 삶의 이야기를 나누는 것이다. 개인적 이야기를 나누면서 구성원들은 점점 다른 회원들이 주는 격려와 신앙적인 도움들과 피드백에 의해, 신비롭게도 정체성이 변화되어 간다. 소그룹 모임에서 각 구성원들은 상호 의존하면서 소그룹이 주는 가치와 신앙을 배우면서 같은 정체성을 형성한다.

독서 모임을 통한 코이노니아

최근의 독서는 개인이 골방에서 혼자 조용히 하는 골방 독서에서 여럿이 함께 책을 읽는 광장 독서로 나아간다. 20대부터 60대까지 다양한 사람들이 모여 행복한 책읽기를 한다. "젊은 세대와 어울려 토론하다 보니 절로 동안이 된 것 같다"는 50대 가장은, 말이 통하지 않는 기성세대가 아니라 얘기가 통하는 친구가 된다.[60] 서로 배경과 나이, 직업이 다름에도 불구하고, 그들은 함께 같은 책을 읽으며 타인을 이해하기 시작한다. 독서가 조용한 관조의 세계라면, 다른 생각을 듣고 그 차이를 경험하는 독서 토론은 실천의 현장이다. 다른 삶의 문맥에 놓인 타자를 체험하고 또 경험하는 자리가 된다.[61]

이런 점에서 보면, 교회는 독서 공동체이다. 성경책을 하나님 말씀으로 믿는 사람들이 모여서 함께 성경을 읽고 나누는 독서공동체인 것이다. 이것을 더 체계화하고 조직화하면, 교회는 성경과 신앙서적을 읽는 독서 활동을 통해서 코이노니아를 실천할 수 있다.

---

60) 신기수 외 3인, 『이젠 함께 읽기다』(서울: 북바이북, 2017), p. 21.
61) 신기수 외 3인, 『이젠 함께 읽기다』, p. 24.

그룹 토의

1. 코이노니아가 무엇인지 생각해 보라. 하나님과의 사귐, 개인과 개인, 개인과 그룹, 그룹과 그룹, 교회와 교회, 교회와 교단, 교단과 세계교회, 국가와 세계와의 관계성 안에서 코이노니아를 이루는 길을 모색해 보라.

2. 교회는 신앙 공동체가 되어야 한다. 교회가 신앙 공동체가 되기 위해서, 성도들에게 어떤 교회 생활 커리큘럼을 제공하면 효과적일지 토의해 보라.

교회
교육
실천

레이투르기아
신앙 공동체를 위한 이론과 실천

"날마다 마음을 같이하여
성전에 모이기를 힘쓰고"(행 2:46)

교회
교육
실천

　레이투르기아는 교회 생활의 가장 기본이 되는 사역이라고 할 수 있다. 내가 어느 교회를 다니는 교인이라는 것은, 내가 그 교회에서 예배를 드린다는 의미이다. 성도들의 가장 기본적인 신앙생활은 예배에서 시작한다. 예배는 하나님을 섬기고 그분의 뜻대로 살겠다는 결단의 표현이다. 그래서 마리아 해리스는 레이투르기아를 "예배하고 기도하는 목회적 소명에 따른 교회 생활"이라고 정의한다.[62]
　교회에서 예배와 기도는 교회 생활의 중심에 있다. 성도가 되려면 가장 먼저 함께 모여서 하나님을 예배하는 법을 배우고, 하나님과 사귀고 소통하기 위해 기도하는 법을 배워야 한다. 성도들은 그리스도인으로 살아가는 가장 기본적인 신앙생활을 예배와 기도를 통해 배운다. 그래서 예배와 기도는 교회 생활에서 기독교 사회화가 가장 강력하게 일어나는 현장이다. 성도들은 예배를 드리면서 그리스도인으로 자란다. 그러므로 어떤 형태의 예배를 드리고, 어떤 순서에 따라 예배를 진행하고, 어떤 본문의 말씀과 해석을 듣느냐에 따라 성도들의 신앙은 지대한 영향을 받는다. 그래서 성도들이 함께 모여 동일한 예배를 드리는 행위는 신앙생활에서 아주 중요하다.
　모든 공동체는 그 고유의 존재 형태, 즉 그 공동체가 주로 행하는 무엇인가를 갖고 있다. 종교 공동체가 주로 하는 그 무엇은 바로 예

---

62) 마리아 해리스, 『교육목회 커리큘럼』, p. 114.

배 행위이다. 모든 종교는 그 나름의 종교적 특색을 드러내는 예배 행위를 한다. 그리스도인은 하나님의 교회에서, 기독교적 예배 형태를 따라 예배를 드리고 하나님을 섬긴다. 함께 예배를 드려야 그 교회 교인이다. 함께 예배를 드리지 않는 성도는 그 교회 공동체의 일원이라고 할 수 없다. 그러나 기독교라고 해서 모든 예배 형태가 같은 것은 아니다. 가톨릭과 개신교의 예배 형태가 다르고, 개신교 안에서도 교파에 따라 예배 형태와 순서가 다르다. 교인들이 모여서 동일한 방식으로 예배를 드리는 곳이 구체적이고 현실적인 신앙 공동체이고, 이 공동체에 속한다는 것은 그 공동체가 준수하는 예배 방식을 따른다는 것을 의미한다.

장로교 예배모범

한국의 어느 장로교회에서 신앙생활을 하다가, 미국에 주재원으로 와서 한 교회에 출석하며 예배드리는 집사가 있었다. 그 여집사는 예배를 드리고 나면 기쁠 때도 간혹 있지만, 마음이 대체로 불편하다고 했다. 자신이 한국에서 예배드렸던 교회에서는 늘 예배 중에 사도신경으로 신앙을 고백했는데, 이 교회는 사도신경을 고백하지 않고 주기도문을 하기 때문이라고 했다. 그가 오랫동안 드렸던 예배 형태와 순서가 그의 신앙을 형성했기 때문에, 예배 형태와 방식이 달라지면 불편하고, 새 공동체에 소속하기 어려운 것이다.

새로 출석하는 교회의 예배 순서에 사도신경이 빠졌다는 이유로 그 집사가 불편함을 느낀 까닭은 무엇일까? 그 집사가 오랫동안 신앙생활을 하던 그 교회의 예배가 그의 신앙생활 상당 부분을 좌우하고 형성시켜 왔기 때문이다. 그래서 그는 사도신경을 암송하지 않는 예배는 온전한 예배가 아니라고 생각한 것이다.

어느 교회는 주일예배를 드리기 전 15분 동안 찬양단의 인도에 따라 복음성가를 부른다. 그리고 자연스럽게 그다음 예배 순서에 따라 예배를 드린다. 어떤 교인은 이렇게 찬양을 15분 부른 후에 자연스럽게 예배로 이어지는 순서에 만족한다. 그러나 어떤 교인은 거룩한 하나님의 전에 나아가는 성스러운 예배로의 부름을 시작으로 예배드리는 것을 갈망한다. 그렇다면 어떤 순서로 예배를 드리는 것이 바른 예배인가?

내가 처음 장로회신학대학에 입학하여 학교 채플을 드릴 때 기억이 난다. 모두가 박수를 치며 찬송가를 부르고 있는데, 그 당시 학장님이 나오시더니 찬송 부르면서 박수를 치지 말라고 하셨다. 장로교 예배는 찬송 부를 때 박수를 치지 않는다고 장로교 목회자 후보생들을 따끔하게 가르치셨다.

그렇다면 장로교 예배모범은 무엇인가? 어떻게 드려야 장로교 예배답게 드리는 것인가? 장로교의 예배모범의 기초가 되는 웨스트민스터 표준문서 가운데 하나인 예배모범(The Directory For The Publick Worship Of God, 1645)은 '사도신경'(The Apostles' Creed)을 소개하지 않으며, 오히려 '주기도문'(The Lord's Prayer)을 사용할 것을 강조한다. 설교 후 기도에 관해 언급하면서, "그리스도께서 제자들에게 가르치신 기도(주기도문)는 기도의 유일한 바탕일 뿐 아니라 그 자체로 가장 함축적인 기도이기에, 우리는 교회의 기도에 있어 항상 사용하여야 함을 권고한다"고 밝힌다.

현대의 기독교 신앙에서 '교리'에 대한 입장은 극명하게 양분되는데, 반드시 교리에 근거하여 신앙이 수립되어야 한다고 보는 입장과,

교리는 오히려 논쟁과 분열을 야기하므로 최소한의 선에서만 통용되어야 한다고 보는 입장이 있다. 이런 입장의 차이에 따라 예배 순서에서 사도신경을 사용하기도 하고 사용하지 않기도 한다. 그렇다면 어느 것이 맞는 것인가?

정장복은, 장로교의 예배와 신앙과 정치와 권징은 웨스트민스터 성회에서 큰 줄기를 이루어 왔으나, 이제껏 한국 교회는 웨스트민스터 '신앙고백'만을 유일한 유산으로 여기고 정작 장로교 예배의 정신과 뿌리를 담고 있는 웨스터민스터 '예배모범'에는 관심을 갖지 않았음을 지적하면서, 이제부터 '예배모범'에 관심을 가져야 한다고 주장한다.[63] 그러면서 장로교 예배가 온전히 회복되어야 함을 강조한다. 대한예수교장로회 통합 총회는 총회 100주년을 맞이하여 전통적인 장로교 예배를 회복하려는 노력을 하고 있다.

장로교회는 앞으로 장로교의 예배모범을 발굴하여 거룩하고 경건한 전통적인 장로교 예배를 드릴 수 있도록 해야 한다. 한동안 많은 교회가 전통적인 장로교 예배 방식을 탈피하여 좀 더 개방적인 예배를 드린다고 하면서 '열린 예배'를 드린 적이 있다. '열린 예배'는 본래 생명력 있고 역동적인 예배 형태를 추구하였으나, 정작 찬양과 영상 위주의 예배에 그침으로써 장로교 예배로서 긍정적인 평가를 받지 못하였다. 현재 많은 성도, 특히 젊은 청년들은 지루하고 맥 빠지는 예배가 역동적인 예배로 바뀌기를 원한다.

교회는 살아 있는 예배 분위기를 만들고, 모든 성도가 하나님을 섬기고, 그분의 뜻을 깨달아 힘있게 살도록 결단하는 예배를 드릴 수 있는 길을 모색해야 할 것이다. 갖가지 악기를 동원하고, 시끌벅적한 분위기의 찬양과 경배 위주의 예배는 분명 장로교 예배모범에

---

63) 토머스 레쉬만, 정장복 역, 『웨스트민스터 예배모범』(서울: WPA, 2015), p. 3.

맞는 것은 아니라고 생각한다. 조용하고 경건한 분위기 속에서도 살아 계신 하나님의 말씀과 역사, 생명력, 역동성이 있는 예배가 되도록 해야 한다.

예배와 예전

'예전'(liturgy)이라는 단어는 '사람'(people)과 '일'(work)이라는 두 세속적 용어가 합성된 것[64]으로 '백성들의 활동'이라는 의미를 갖는다. 이런 의미를 갖는 예전[65]은 함께 예배를 드리면서 하나의 몸을 이루는 예배 행위와 깊은 연관성을 가진다. 예배는 예전의 구체적인 행위이며, 그 공동체가 행하는 가장 중요한 활동이다. 공동체가 행하는 예전이 그 공동체의 특성을 나타낸다. 그래서 예배와 예전을 가리키는 레이투르기아는 성도 개인의 교회 생활만을 위한 것이 아니라, 공동체적인 성격을 지닌 중요한 사역이다. 양금희는 "기독교교육이 개인을 하나님 나라의 백성으로 형성하고, 또한 신앙 공동체와 사회에 하나님 나라를 구현하는 것을 목적으로 한다면, '예전'은 그 어떤 것보다 결정적이고 잠재적 가능성을 가진 기독교교육의 자리

---

64) 강희천, 『기독교교육의 비판적 성찰』(서울: 대한기독교서회, 1999), p. 123.
65) 예전이란 공식적이며 공동체적 예배를 의미하거나 또는 그러한 공식적 예배에 기본적인 틀을 부여하는 구성요소들을 총칭하는 의미로서 사용되고 있으며, 예전의 순서(order), 의식(ritual), 예식(ceremonial)이라는 세 가지 요소를 가지고 있다. 강희천, 『기독교교육의 비판적 성찰』, p. 124.

요, 통로요, 희망이 될 수 있다"[66]고 하면서, 기독교교육에서 예전의 중요성을 강조한다.

기독교교육이 학교식 교육 시스템에서 벗어나 패러다임의 전환을 하려면, 가장 먼저 생각해야 할 사역이 바로 레이투르기아라고 할 수 있다. 예배는, 학교식 교육 형태를 극복하고자 하고 전인적 신앙인의 형성을 추구하는 기독교교육에서 매우 중요하고 잠재적 가능성을 가진 기독교교육의 핵심적인 통로이다. 존 웨스터호프도 기독교교육은 사회화, 문화화를 통해서 이루어진다고 강조하면서, 예배를 가장 중요한 교육의 형태로 보고 있다. 이처럼 기독교교육에서 사회화 기독교교육을 '통전적인 신앙인의 형성'이라고 하는 관점에서 보았을 때, 예전은 그 어떤 것보다 기독교교육의 중심에 서 있다고 할 수 있다.[67]

한 교회의 교인 됨은 예배를 통해서 확인되며, 예배는 예배자 자신이 그 신앙 공동체의 일원이 됨을 느끼게 한다. 초대교회는 '모이기에 힘쓰며' 자신들이 기독교인이라는 공동체의 정체성을 유지하고 확산시켜 나갔다. 예배는 그리스도인이 하나님을 자기들의 신으로 섬기는 가장 중요한 행위이다. 내가 어떤 예배 행위를 하느냐에 따라 나의 종교가 결정된다. 왜냐하면 예배 행위는 '신체화 된 인식' (embodied mind)을 담보함으로써 기독교적 가치와 태도를 내면화하는 통로가 되며, 또한 감성적 의사소통과 상징체계로 기억과 학습을 효과적으로 일어나게 하며, 더 나아가 가치들을 행동으로 옮기도록 하는 자리가 되기 때문이다.[68]

---

66) 양금희, "의례 이론과 의례적 인식론을 통해서 본 예전의 기독교 교육적 의미", 『기독교교육 논총』 37(한국기독교학회, 2014), p. 109.
67) 양금희, "의례 이론과 의례적 인식론을 통해서 본 예전의 기독교 교육적 의미", p. 84.
68) 양금희, "의례 이론과 의례적 인식론을 통해서 본 예전의 기독교 교육적 의미", p. 83.

최근의 기독교 교육학자들은 형식적인 가르침을 통하여 기독교의 신념을 전달하는 것보다도, 예배와 예전을 통하여 자연스럽게 기독교의 문화와 삶을 몸에 익히고 배우는 '사회화'의 과정이 훨씬 교육적인 효과가 크다고 말한다.

불교인은 사찰을 찾고 그리스도인은 교회를 찾아, 각각 자기들의 종교가 행하는 예배의식에 참여함으로써, 자신들의 종교적 정체성을 확인한다. 성도들이 교회에서 행하는 많은 영역이 있지만, 그중에서도 예배가 가장 중요한 위치를 차지하고, 한 회중이 신앙 공동체로 형성되어 가는 과정에서 예배만큼 중요한 것은 없다. 따라서 목회자들도 교육목회의 사역 중에서 가장 관심을 갖고 힘써야 하는 영역이 예배라고 할 수 있다.

예배와 예전의 의미 및 기능

넬슨은 신앙 공동체를 형성하는 데 가장 중요한 것은 예배라고 하였다. 그는 "회중은 예배를 통해서 신앙을 잉태한다"고 말한다.[69] 성도들은 기도, 찬송, 성경 봉독과 해석, 죄의 고백, 성찬 세례 등을 통해 기독교 신앙의 핵심을 배우고 익힌다. 교회 공동체에서 기독교 신앙을 가장 잘 전달할 수 있는 길은 예배이다. 기독교 예배는 공동체가 가지고 있는 신앙의 전통을 되살려서 개인에게 전달하는 역할을 한다.

예배자들은 성경에 나타난 하나님의 형상을 탐구하기 위하여 예배에 참여한다. 성도들은 예배 설교를 통하여 과거의 하나님 계시를 이해하고, 이를 통해서 현재 역사하시는 하나님을 경험한다. 또한 세례를 통해서 그리스도와의 계약을 새롭게 맺으며, 자신이 새로운 피조물로 거듭나는 것을 경험한다. 성만찬에서는 빵과 포도주를 통하여 그리스도의 몸과 피에 참여함으로써 예수 그리스도를 다시 만나고, 새롭게 힘을 얻는다.

---

69) 넬슨, 『신앙교육의 터전』, p. 100.

이런 예식들을 행함으로써 그는 그리스도와 상징적으로 하나 됨을 경험하고, 성도들도 성령 안에서 서로 연합하는 것을 경험한다. 예배와 예전만큼 성도들로 하여금 강하게 그리스도를 경험하게 하고, 하나님의 임재를 느끼게 하는 것은 없을 것이다.

어느 교회는 매년 한 주를 '힐링 선데이'(Healing Sunday)로 정하고 치유 예배를 드린다. 성경 시대에 올리브 기름은 치료와 치유의 예식을 행할 때 사용되었다. 이 치유 주일에는 작은 그릇에 올리브유를 솜에 묻혀 놓고 하나님께 기도한다. 그리고 전 교인이 한 사람씩 앞으로 나와서 자신의 아픈 부분을 목사님께 말한다. 그 아픔은 몸, 마음, 영혼의 아픔까지를 포함한다. 성도들이 자신뿐 아니라 가족, 친지, 친구들의 아픔을 말하면, 목사님은 이마에 기름으로 십자가를 그려 주며, "치유의 하나님께서 여러분의 몸과 마음과 영혼의 아픔을 치유하셨습니다"라고 선언한다. 이러한 예식을 통해서, 성도들은 하나님께서 주시는 치유의 은혜를 경험하고 기뻐한다.

이런 역동적인 예배는 하나님이 치유의 하나님이라고 말로 가르치고 설교하는 것보다 훨씬 감동적이고 확신을 준다. 수백 마디 말보다 하나의 예전을 통하여, 성도들은 온몸으로 배우고 느끼고 경험하면서 치유의 하나님을 만난다. 예전은 새롭게 하시는 하나님의 구원의 역사를 체험하게 하고, 그 믿음을 더욱 강하게 하는 기회를 부여한다. 마음이 어두웠던 성도는 밝아지고, 병으로 고생하던 성도들은 치료의 하나님을 다시 만나며 힘을 얻는다. 죄와 어둠과 고통 가운데 있는 자들이 이 시간에 빛과 구원과 생명의 하나님을 경험한다.

클리포드 기어츠(Clifford Geertz)는, 의례 속에서 실재의 본질에 대한 이미지와 태도가, 현실 속에서 실존적으로 살아가는 사람들의 실제 경험과 융합된다고 말한다. 곧 "의례 속에서 실제로 살아가는 세계와 상상하는 세계가 하나의 세트를 이루는 상징 형태들을 매개로 하여 융합되고, 그렇게 됨으로써 그 두 세계가 동일한 세계임이 밝혀지게 된다"는 것이다.[70]

세례에서의 물이나 성찬에서의 빵과 포도주는 더 이상 일차적인 물과 빵과 포도주가 아니다. 세례를 거행하는 가운데 물은 '죄의 씻음'을 알리는 상징물이 된다. 성찬식에서 빵과 포도주는 실제의 빵과 포도주의 의미에 머무르지 않는다. 그것은 '새 생명과 구원'이라는 새로운 언약의 표로서 신성한 상징이 된다. 이렇게 실재와 그 실재가 갖는 상징이 예전을 통하여 융합될 때, 그 예전 참여자들은 실제 세계와 상징적 세계의 융합을 경험하면서, 감정과 사고와 신앙에서 엄청난 패러다임 전환이 발생한다. 이렇게 예전은 신앙이 형성되는 장이 된다.

예전으로서의 예배의 의미 및 기능이 갖는 교육적인 효과는 여러 가지로 말할 수 있다.[71] 첫째, 예전은 모방을 통해 종교적 태도나 품성을 배울 수 있는 자리이다. 둘째, 예전은 전통이 전수되는 곳이다. 셋째, 예전은 가치와 의미가 강화되는 곳이다. 넷째, 예전은 공동의 역사와 가치들이 표현되고, 또한 전수되고 유지되는 자리이다. 다섯째, 예전 속에서 인간의 내면적인 것이 외면화될 수 있고, 개인적인

---

70) 양금희, "의례 이론과 의례적 인식론을 통해서 본 예전의 기독교 교육적 의미", p. 107.
71) 양금희, "의례 이론과 의례적 인식론을 통해서 본 예전의 기독교 교육적 의미", pp. 84-85.

것이 공동의 것이 될 수 있다. 여섯째, 예전을 통해 깨달음이 행동이 될 수 있다. 일곱째, 예전을 통해 감동이 표현으로 구체화될 수 있고, 형태가 없었던 것이 구체적 형태를 띠게 된다. 여덟째, 예전은 감성적 확신을 불러일으킨다.

 포스트모던 시대와 4차 산업혁명 시대를 대변하는 키워드인 이미지와 상상력은, 이러한 예전을 통하여 하나님을 더욱 생생하게 경험하도록 돕는다. 그러므로 미래의 기독교교육에 있어서 가장 중요한 신앙교육의 대안은 '예배와 예전을 통한 신앙교육'이라고 할 수 있다.

예전과 공동체 형성

● ● ●

앞에서도 언급하였듯이, 예전은 교회 공동체를 신앙 공동체로 형성하는 데 있어서 가장 중심적인 자리에 있다. 예배와 예전은 그것에 참여하는 '개인'에 의해 행해지는 것이지만, 개인의 종교 행위에 그치지 않고 집단과 사회라고 하는 공동체적 콘텍스트에서 일어나는 활동이므로, 공동체적인 종교 행위라고 할 수 있다. 예배는 공동체가 행하는 단순한 행위로 그치는 것이 아니라, 그 공동체를 하나로 묶고 질서를 잡아 주며 유지하게 하고, 나아가 그 공동체가 추구하는 미래의 비전으로 인도하고 행동하게 한다.

매달 첫 주에 행하는 성찬예식은 모든 성도를 하나의 공동체로 묶는다. 하나의 빵, 하나의 잔을 받으며 모든 성도들은 한 예수 그리스도를 믿는 믿음의 공동체임을 확인한다. 빵과 잔을 받으며 '우리는 하나이다. 그래서 서로 사랑하고 격려하면서 그리스도의 한 몸을 이루려고 해야 한다'는 각성과 결단을 한다. 성찬예식만큼 교회 공동체를 하나로 묶어 주는 역할을 하는 것은 없다.

　예배의 참여를 통하여 성도들은 이미 가지고 있는 생각이나 감정을 내면화하거나 드러내는 것이라고 생각할 수 있으나, 오히려 예배를 드리면서 그 예배가 주는 것들을 통하여 자신의 사고와 감정, 그리고 몸의 움직임이 영향을 받고, 동시에 영향을 주면서 상호작용한다는 것을 알 수 있다. 예배를 통하여 우리의 신앙을 표현하기도 하지만, 동시에 예배를 통하여 새로운 신앙적 경험을 함으로써 성장하고, 다시 그 성장한 신앙적 경험이 그 공동체에 영향을 주어 공동체가 신앙적이 되는 상호작용이 일어난다. 예배가 개인의 신앙을 형성하고, 동시에 공동체의 신앙도 형성하는 것이다.

　예전은 우리의 신학과 정체성을 우리의 몸으로 표현하는 것이다. 앤더슨은 "예전은 신앙을 몸으로 쓰는 행위"(liturgy: writing faith in the body)라고 하면서, 우리의 몸이 매번 예배에 참여하면서 그 공동체가 주는 무엇인가를 받고, 또한 그 공동체를 형성하는 작용을 한다고 말한다. 예전은 우리를 형성하는 힘이 있으며, 예전적 행위와 예전에의 참여는 무의식적으로 우리 안에서 작용하여, 우리가 세상에서 존재하고 행동하고 알아가는 방법을 형성하게 한다.[72]

　반 게넵(Van Gennep)에 의하면, 의례는 사람들이 '분리'(seperation), '전이'(transition), '통합'(incorporation)이라는 3단계 과정을 경험하게 하면서, 자신이 속한 공동체 안에서 새로운 정체성과 지위를 갖고 새로운 집단 안으로 통합되어 들어가게 한다.[73] 처음 공동체에 들어온 사람들은 그 공동체의 문화와 의식이 어색하기만 할 것이다. 그

---

72) 양금희, "의례 이론과 의례적 인식론을 통해서 본 예전의 기독교 교육적 의미", pp. 97-98.
73) 양금희, "의례 이론과 의례적 인식론을 통해서 본 예전의 기독교 교육적 의미", pp. 90-91.

공동체가 주는 가치와 신념에 쉽게 동화하기가 어렵다. 자신과 공동체가 하나라고 느끼기보다는 '분리'되어 있다는 느낌을 갖는다. 그러나 예배를 드리고 예전에 참여하면서, 그들은 점점 그 문화와 의식과 예배에 익숙해져 간다. 그 공동체의 가치와 신앙이 그에게 점차 스며든다. 이것이 '전이'의 과정이다. 그러면서 과거 자신이 지녔던 가치와 신념체계가 점차 바뀌면서, 새로운 공동체의 일원으로 통합된다. 성도들은 이러한 과정을 거치면서 그 공동체의 일원으로 소속되고, 공동체의 신앙을 받아들이며, 새로운 피조물로 새로운 정체성을 가지면서 공동체 속으로 통합된다. 의례가 행해지는 과정 속에서 무질서하던 공동체가 점점 변화하여 질서 있게 만들어지며, 그 공동체의 성격이 더 확실하게 자리 잡고, 정체성이 형성되며, 그 공동체가 행하는 사회적 역할도 안정되게 자리를 잡으면서 사회적 정체성도 확고해진다.

예전은 개인을 신앙 공동체에 결속시키고, 공동체와의 관계 속에서 새로운 정체성을 형성하게 할 뿐만 아니라, 공동체의 통합과 정체성을 유지하는 기능을 수행한다. 더 나아가 예전은 신앙 공동체 자체의 구조를 새롭게 변형하는 통로가 되는 바, 그것은 신앙 공동체가 일상적 제한을 넘어서서 대안적 관계를 표상하게 함으로써, 이상적 가치들로 신앙 공동체의 구조 자체를 변형하게 하는 형성적 역할을 하기도 한다.[74]

이를 통해 볼 때, 예배는 신앙을 가르치고 전달하고 공동체의 미래의 비전과 사명을 교육할 수 있는 가장 중요한 교육목회 커리큘럼이라고 할 수 있다. 예배의 교육목회적 의미를 이해한다면, 예배를 통하여 신앙을 교육하는 방법을 찾을 수 있을 것이다.

---

74) 양금희, "의례 이론과 의례석 인식론을 통해서 본 예전의 기독교 교육적 의미", p. 109.

대그룹 예배와 소그룹 활동의 조화

　교회 성장을 목표로 하는 교회들은 셀, 목장, 사랑방 등 여러 가지 형태의 소그룹 사역에 초점을 맞추어 각 소그룹별로 전도와 선교에 힘쓰도록 한다. 최근 들어 성장하는 교회들은 대다수 소그룹을 형성시켜, 그 소그룹이 전도하고 새신자를 배양하게 해서 교회를 성장시키려고 한다. 그런데 소그룹 위주의 전도와 성장만을 목표로 삼다 보니, 교회의 모든 사역이 균등하게 이루어지지 않는 경우가 많이 발생한다. 물론 소그룹 사역을 통하여 교회를 성장시킨 좋은 사례들도 많다. 그러나 소그룹 사역이 지나치게 자신들의 그룹만을 생각하는 이기주의나 분파주의가 되어 교회 공동체가 그리스도 안에서 한 몸으로 살아가기에 어려움을 겪을 수도 있다. 이러한 일이 발생하지 않도록 하기 위해서는 소그룹 사역에 중점을 두면서도 전체 대그룹 예배를 통하여 전 공동체가 하나임을 잊지 않도록 해야 할 것이다.

기도

레이투르기아에서 두 번째로 중요한 것은 기도이다. 어떤 공동체가 기독교 공동체라면 그 공동체가 개발하는 중심적인 형태와 규칙 가운데 하나는 공동체의 기도 생활이다. 기도는 교육목회에서 예배만큼 중요한 귀중한 커리큘럼의 한 요소이다.

> 교육목회 시간에 학생들에게 질문을 하였다. "여러분은 기도를 어디서 어떻게 배웠나요?" 모든 학생이 대답하기가 쉽지 않다고 했다. 왜냐하면 정식으로 기도하는 법을 배웠거나, 일정한 단계의 교육과 훈련을 통해 기도를 배우지 않았기 때문이다. 그러니 그들이 어디에서 바르게 기도하는 법을 배웠겠으며, 기도가 중요하다는 것을 어찌 알 것인가?

개신교 영성 교육에서 겪는 어려움은, 영성 생활을 위한 표준적이고 올바른 교육과 훈련 프로그램이 없다는 것이다. 가톨릭교회는 천년이 넘는 수도원의 영성 생활에서 쌓아 온 많은 기도 훈련 방법들이 있다. 개신교는 기도의 모범도 찾아보기 어렵고, 깊은 기도를 배울 수 있는 영성 훈련 방법이나 훈련 장소도 부족하다. 가끔 가톨릭교회로부터 기도 모범을 가져와 관상기도 등을 다루는 개신교 교회가 있으나, 개신교의 신학에 의해 철저히 검증받지 못했기 때문에 이단 시비에 휘말리기도 한다.

> 미국장로교 여성연합회 수련회에서 한 목사님이 '아빌라의 테레사'가 말하는 '기도의 7단계'를 아름다운 그림과 함께 설명하

대그룹 예배와 소그룹 활동의 조화

며 강의하였다. 거기 모인 장로교 여성 지도자 대부분은 '아빌라 테레사의 기도 단계'에 심취하였다. 지금까지 한 번도 들어 본 적이 없는 기도에 대한 강의였기 때문이다.

그 강의 시간에 아빌라의 테레사 수녀의 기도에 대하여 심취했다 해도, 그것을 직접 기도의 훈련으로 사용하기는 어렵다. 첫째, 그 기도의 단계는 가톨릭의 영성 훈련에 대한 것이지, 개신교의 영성 훈련 방법이 아니기 때문이고, 둘째, 그러한 기도의 마지막 7단계까지 깊은 기도를 경험하고 훈련받은 지도자가 없기 때문이다.

존 칼빈은 『기독교강요』에서 기도에 대해 이렇게 말한다. "사람에게 선이란 전혀 없으며, 자기 스스로 구원을 취득할 수 있는 수단도 전혀 없다." 따라서 "그리스도 안에서 우리의 비참한 처지를 씻어 내고 모든 행복을 주시며, 하늘의 보고를 여시사 그리스도 안에서 우리의 핍절한 상태를 씻어 내고 모든 풍성함을 주시며, 온전한 믿음으로 그의 사랑하시는 아들에게로 돌아가 온전한 기대를 갖고 그를 의지하며, 그 안에서 안식하며, 온전한 소망으로 그를 붙들 수 있도록 해주시는 하나님"께 구해야만 한다.[75]

한국 교회 교인들은 신앙이 좋은지 나쁜지를 하루에 얼마나 기도했는가로 평가한다. 신앙이 좋은 사람은 기도를 자주 하고 많이 할 수밖에 없는데, 믿음이 생긴다면 우리의 마음에서 저절로 하나님의 이름을 부르고 그를 찾기 때문이다(롬 10:14-17).

그러나 때때로 어떤 성도들은 '우리의 어려운 처지와 우리가 무엇이 필요한가를 하나님께 구하지 않아도 하나님이 다 알고 계시는데, 우리가 굳이 기도를 통하여 그것들을 다 말할 필요가 있는가?'라고

---

75) 존 칼빈, 『기독교강요(중)』, p. 416.

질문하기도 한다. 기도는 하나님을 위한 것이 아니라 우리 자신을 위한 것이다. 기도는 우리가 끊임없이 하나님에 대한 신앙을 유지하고 그의 뜻을 행하도록 힘을 준다. 존 칼빈은 기도가 우리에게 여섯 가지 유익을 준다고 한다.[76]

첫째, 기도는 하나님을 찾고 그를 사랑하며 섬기고자 하는 진지하고도 열렬한 소원으로, 우리 마음이 항상 불타오르게 해준다. 그리고 모든 일에 하나님을 의지하는 습관을 가지도록 해준다.

둘째, 기도는 하나님 앞에 내어놓기 부끄러운 욕망이나 바람이 우리 마음에 들어오지 못하도록 막아 준다. 우리의 마음을 하나님께 쏟아 놓는 법을 배우게 된다.

셋째, 기도는 하나님이 베푸시는 모든 은택들을 진정한 감사와 찬송으로 받게 한다. 우리가 누리는 모든 것이 하나님으로부터 왔다는 것을 깨닫게 해준다.

넷째, 우리의 기도가 응답되는 것을 경험하면서 하나님의 긍휼하심을 더 바라게 된다.

다섯째, 우리의 기도로 얻어진 축복들을 더욱더 큰 기쁨으로 환영하게 한다.

여섯째, 기도를 통하여 하나님의 섭리를 체험을 통해서 확신하게 된다.

그러므로 그는 성도들은 기도하기를 훈련해야 하며, 결코 기도하기를 멀리해서는 안 된다고 강조한다. 하지만 존 칼빈은 기도의 중요성을 강조하면서도, 장로교인들이 기도 생활을 일상에서 구체적으로 하게 하는 훈련 방법을 제시하지 않았고, 이러한 성향은 그 이후로도 이어진다. 그러한 결과, 우리 개신교 안에 영성 생활을 위한 충

---

[76] 존 칼빈, 『기독교강요(중)』, pp. 419-420.

대그룹 예배와 소그룹 활동의 조화

분한 자원들을 갖지 못한 것은 아쉬움이 크다.

기도의 공동체성

개인적인 기도의 유익과 필요성은 우리 한국 교회가 이미 잘 알고 실천하고 있다. 그러나 기도의 공동체성과 정의를 위한 기도에는 아직도 멀다고 할 수 있다. 기도의 공동체성과 정의를 위한 내용이 결여되어 있기 때문에, 앞으로 건강한 교인을 양육하는 교회 생활 커리큘럼에는 이 두 가지 측면이 더 강조되어야 할 필요가 있다. 그래서 성도들로 하여금 기도를 통한 개인의 은혜와 경건의 생활을 훈련하고, 나아가 공동체를 기억하고 개인의 유익을 넘어 공동체의 선과 유익을 추구하여, 그리스도의 몸을 이룰 줄 하는 지체들이 되고, 사회의 어두운 부분들을 밝히려는 정의의 행동과 표현을 할 수 있도록 가르쳐야 한다. 본회퍼(Bonhoeffer)는 기독교인은 두 가지로 자신을 말할 수 있다고 한다. 하나님 앞에서 기도하는 것과 사람들 앞에서 정의를 행하는 것이 바로 그것이다.[77]

10년 이상 미국 장로교회를 목회하면서, 한국의 장로교회와 미국의 장로교회의 차이가 무엇인가를 말한다면 여러 가지가 있지만, 그 중에서 가장 눈에 띄게 다른 것은 기도의 내용이라고 할 수 있다. 한국 교회의 성도들은 기도의 내용이 개인적인 것들이 많다. 이것이 잘못되었다는 것은 아니다. 우리는 연약하고 부족한 것이 많기 때문에, 우리가 기도할 때 개인적인 어려움을 하나님께 아뢰고 필요한 것

---

77) 김도일, "개관 및 용어 해설: 제4차 산업혁명 시대의 교육목회", 김도일 편, 『제4차 산업혁명 시대의 교육목회』, p. 98.

을 간구하는 기도를 해야 한다. 그러나 우리가 하는 기도에는 공동체에 대한 것, 공동의 선과 유익을 위한 기도가 결여되어 있으며, 또한 우리가 사회적 정의에 대한 기도를 많이 하지 않는다는 사실을 알아야 한다. 기도의 내용은 곧 그가 바라고 행동하는 것을 반영하기 때문에, 우리가 신앙적으로 성숙하려면, 우리의 기도의 내용이 개인적인 것에서 좀 더 나아가 공동체적이고 사회적이며 세계적인 차원으로 나아가야 한다.

기도의 실제

목회기도

주일예배 때 드리는 목회기도는 교회의 회중 전체가 '주여 주여 주여' 삼창을 하고 큰 소리로 기도하지 말아야 한다. 주일예배의 목회기도 시간에는 교회 공동체의 아픔이 있는 성도들을 위해 기도하고, 축하할 교인들에게 축복의 기도를 하고, 지역과 세계 속에서 일어나는 많은 일과 사건들을 위해 하나님의 백성들로서 평화를 위해 기도한다.

주일예배 순서에서 설교만큼 중요하게 여기는 순서가 바로 기도이다. 내가 아는 장로님은 주일의 기도를 준비하기 위해 한 달 동안 기도하며 준비한다고 했다. 그만큼 주일예배의 기도는 중요하다. 이 기도를 보통 '목회기도'라고 한다. 목회기도는 말 그대로 성도들의 어려운 삶과 아픔을 위해 기도하는 시간이다. 병들어 아픈 사람, 사업에 실패한 사람, 사고를 당하거나 가족을 잃은 사람을 위해서 기도한다. 뿐만 아니라 결혼, 출생, 승진 등 축하할 일들에 대하여도 감사하며 기도한다. 이 기도 시간은 온 교우들에게 일어나는 삶을 어루만지는 시간이다. 그리고 더 나아가서, 그 교회가 속한 지역사회를 위해, 국가와 세계 곳곳에서 일어나는 일들에 대해, 그리스도인의 관점으로 민감하게 바라보면서, 하나님의 사랑과 공의가 필요한 곳을 위해 기도하는 시간이다.

어느 미국 교회 목사님이 내게 말했다. 그 교회는 성도들을 일일이 집으로 찾아다니며 심방하지 않아도 주일예배에서 하는 '목회기도'가 성도들의 가정을 일일이 심방하는 것과 같은 기능을 한다는 것이다.

목회기도를 통하여, 온 교회 공동체의 구성원들의 심령을 어루만지는 일이 일어나고, 성도들도 그것을 느끼고 신앙적으로 성장하는 기회가 되게 해야 한다.

주기도문과 사도신경

교회가 공동체의 신앙을 함께 고백할 수 있는 '사도신경'과 기도의 모범인 '주기도문'을 가지고 있다는 것은 복된 일이다. 전 세계 모든 그리스도인들이 삼위일체 하나님을 똑같은 내용으로 고백하는 것은, 그것을 고백하는 모든 그리스도인들은 하나의 교회요 하나의 공동체라는 것을 나타내는 것이기 때문에 소중하다고 할 수 있다. 주일예배에서 사도신경이나 주기도문은 우리 신앙의 표준이고 기도의 모범이 된다.

공동기도문

미국에 처음 도착하자마자 뉴저지의 럿거스 대학(Rutgers University) 학생회관에서 예배를 드리는 한 교회를 찾아갔다. 그 교회는 목사님의 은혜로운 설교와 소그룹 사랑방 모임을 통하여 점점 성장하고 있었다. 교회는 새로운 교회당을 건축하기로 계획하고 기도하고 있었는데, 아주 의미 있는 공동기도문을 작성하여 주일마다 온 성도들이 한목소리로 기도하였다. 그 공동기도문을 통하여 교회는 한마음이 되고 평화롭게 교회당을 건축하였다.

교회 공동체가 한 가지 목표를 가지고 한마음으로 행동하는 신앙을 갖게 하는 데에는 공동기도문이 큰 역할을 한다. 주일예배의 목회기도에서 공동기도문을 활용하면 좋다. 특히 특별절기나 교회의 큰 행사나 사역을 준비할 때는 공동기도문이 효과적이다. 공동기도문은 공동체를 하나로 묶어 주고 하나의 비전을 갖게 하면서 한마음으로 움직이게 하는 원동력이 된다.

다음은 서울 베다니교회의 공동기도문이다. 이 교회 목사님은 교회의 주변 환경이 부하고 풍요하면서도 성도들에게서 거룩한 주님의 성품이 드러나지 않는 것을 발견하고, 주님의 성품을 닮아 성숙한 그리스도인의 성품을 형성하자는 목표를 가지고, 이 공동기도문을 주일예배 때마다 다 함께 낭독하게 한단다.

성품 성숙을 위한 기도문[78]

---

78) 이 기도문은 베다니교회[대한예수교 장로회(통합) 소속, 서울 대치동]에서 사용하는 공

주님! 예수님을 믿음으로 아무 대가 없이 은혜로 저를 하나님의 자녀로 삼아 주심을 감사드립니다. 이제 하나님의 거룩한 자녀가 된 ○○○는 성화와 경건에 힘써 주님을 닮은 사람이 되어 가기를 원합니다.

먼저 덕 있는 사람이 되기를 원합니다. 따뜻하고 넉넉한 마음으로 남을 배려하는 온유한 사람이 되게 하옵소서! 모든 사람을 대하여 오래 참고, 친절하게 하시고, 말 한마디 행동 하나에서 예수님의 향기가 묻어 나오는 삶을 살기를 원하오니, 성령님이여! 나를 도와주옵소서!

어려운 사람에게는 자비의 마음을, 나의 마음을 상하게 하는 사람에게는 긍휼과 관용의 마음을 갖게 하시어, 어디에서든지 누구와도 등지고 살지 않도록 평화의 사람이 되게 하옵소서! 주어진 삶에 최선을 다하여 성실한 자세로 임하게 하시고, 누구를 만나든 주께 하듯 하게 하옵소서!

예수님의 이름으로 기도합니다. 아멘.

사순절의 기도

사순절 기간 동안에는, 렘브란트가 그린 '돌아온 탕자' 그림을 커다랗게 프린트해서 교회의 조용한 공간에 배치해 놓고 사순절 내내 그 앞에서 그림을 보며 묵상하고 기도한다. 가끔씩 떼제 공동체의 기도 방식대로 찬양하며 촛불을 켜고 조용히 기도한다. 사순절의 영적인 과제가 회개와 경건이므로, 이 기도 방법은 성도들로 하여금 자신을 성령의 빛 아래서 성찰하고 회개하고 거룩해지도록 훈련하는 기회를 제공한다.

동기도문이다.

렉시오 디비나

'렉시오 디비나'(Lection Divina)란 라틴어는 문자적으로는 신적인 독서, 또는 거룩한 독서(divine reading)인데, 성경이나 신앙적인 텍스트를 함께 읽는 것에서 시작하여 신을 영접하고 내주하게 해서 온전히 신의 뜻대로 살게 하는 영성 훈련이다. 렉시오 디비나는 '성경 텍스트와 함께하는 기도'라고 할 수 있다. 렉시오 디비나는 '텍스트 읽기'를 통해서 영적 형성(formation)과 성숙을 지향한다. '텍스트 읽기'를 통해서 예수님처럼 행하고, 예수님처럼 생각하고, 예수님처럼 느껴서 우리가 살아가는 모든 영역에서 예수님을 닮는 것을 추구한다.

그런데 이 '텍스트 읽기'는 공동체적 성격을 가진다. 우리의 영적 형성이 단지 나와 하나님과의 개인적인 관계만이 아니라 나와 함께 생활하는 타인들에게서도 많은 영향을 받듯이, 이 렉시오 디비나도 역시 혼자보다는 함께 텍스트를 읽게 한다.

우리가 영적으로 성장하기 위해서 사용하는 방법 중 하나는 성경을 작은 소리로 읊조리며 소리 내어 읽는 습관이다. 성경을 작은 소리로 읊조리는 것을 개역성경에서는 '묵상한다'라고 번역하고 있다(시 1:2). 성경은 하나님의 율법이 우리의 갈증을 풀어 주고, 깊은 내면에서부터 우리를 변화시키는 능력이 있다고 한다. 우리는 영적으로 소생하고 변화하기 위해 성경을 묵상한다. 성경을 작은 소리로 읊조리는 것이다. 시편 1편[79]과 시편 19편 7-10절[80]은 이것을 잘 말해

---

79) "복 있는 사람은 악인들의 꾀를 따르지 아니하며 죄인들의 길에 서지 아니하며 오만한 자들의 자리에 앉지 아니하고 오직 여호와의 율법을 즐거워하여 그의 율법을 주야로 묵상하는도다." 여기서 묵상하다는 '작은 소리로 읊조리는 것'을 말한다.
80) "여호와의 율법은 완전하여 영혼을 소성시키며 여호와의 증거는 확실하여 우둔한 자를 지혜롭게 하며 여호와의 교훈은 정직하여 마음을 기쁘게 하고 여호와의 계명은 순결하여

준다.

렉시오 디비나는 네 단계를 거치면서 진행한다. 그것은 읽기(lectio)-묵상하기(meditatio)-기도하기(oratio)-관조하기(contemplatio)이다. 이 방법에 의하면, 그리스도인들은 성경 텍스트를 함께 소리 내어 읽고, 읽은 말씀을 반복해서 암송하고 묵상하며, 그것으로 반추기도(되풀이하는 기도)를 하면서, 주님이 임재하시길 원하며 마음을 열고, 주님이 내 속에 임재하셔서 나를 온전히 주관하시며, 내가 주님 뜻대로 행하도록 관조(觀照, 주관을 섞지 않고 냉정하게 통찰하는 것)하는 단계로 나아간다. 이 과정을 거치면서, 우리는 우리 자신과 다른 사람을 위해 하나님께 생명을 받는다. 그 결과, 우리 맘은 인간적인 욕구 대신 하나님의 말씀으로 온전히 채워진다. 우리는 영적으로 지혜롭게 되고 우리 삶은 변화되어 창조주 하나님의 가치관을 따라 살게 된다.

렉시오 디비나는 성령과 텍스트, 독자가 만나는 것이다. 렉시오 디비나는 인간의 차원을 하나님의 말씀 및 영과 연결해 준다. 우리는 텍스트에 우리 자신, 즉 눈과 질문, 상황과 마음 등 우리의 모든 것을 가져간다. 그러면 성령께서 텍스트를 통해서 우리에게 응답하신다. 우리는 성경을 읽으면서 그 행위에서 성령의 영향을 어떻게 받는지 주시한다. 그리고 마지막 단계인 관조에서는, 우리가 성경에 푹 젖어서 성경이 우리의 마음을 재편하고, 우리의 신념과 느낌을 지배하는 온갖 염려와 생각을 바꾸도록 허용한다. 아울러 텍스트를 통해 우리의 평범한 질문들과 문화적 편견, 개인적 두려움, 운영체제는 하나님의 영의 재량에 맡겨진다. 렉시오 디비나는 이러한 과정들을

눈을 밝게 하시도다 여호와를 경외하는 도는 정결하여 영원까지 이르고 여호와의 법도 진실하여 다 의로우니 금 곧 많은 순금보다 더 사모할 것이며 꿀과 송이꿀보다 더 달도다."

통해서 우리의 생각을 새롭게 하고 우리의 마음을 변화시킨다.[81]

레버린스 걷기(labyrinth walking)−미로기도

나는 샌프란시스코 신학교, 뉴저지 존슨벅 캠프장, 그리고 어느 한 곳에서 레버린스 걷기를 경험했다. 한국에서는 이런 미로기도를 드려 본 적이 없어서 처음에는 생소했으나, 참여하는 모든 이들이 침묵 가운데 천천히 미로를 걸으며 기도하다 보니, 모든 잡념은 사라지고 오직 주님께 집중하며 기도할 수 있었다. 그렇게 기도하며 걷다 보면, 마침내 나무로 만든 십자가에 도달하고, 거기서 잠시 기도한 후에 다시 미로를 따라 걸어서 출구로 나간다.

레버린스의 최초 형태는 기원전 2500~2000년에 그리스에서 나타났으며, 기독교에서는 4세기경부터 알제리의 바실리카에서 영성 훈련의 수단으로 사용하기 시작한 것으로 알려져 있다. 교회사를 통하여 계속 많이 사용되어 왔는데, 특히 중세 프랑스의 사르트르(Chartres) 성당 바닥에 새겨져 있는 레버린스가 유명하다.[82]

레버린스 걷기는, 입구에서 하나님을 상징하는 한 중심을 향하여 계속해서 미로 형태의 길을 따라가면서 자신이 버리고 포기해야 할 것들(letting go)을 묵상하고 기도하면서 중심에 도착한다. 그리고

---

81) 제임스 윌호이트, 에반 하워드, 홍병룡 옮김, 『렉시오 디비나-거룩한 독서의 모든 것』(서울: 협동조합 아바서원, 2012), pp. 92-93.
82) 장신근, 『창조적 교회교육 네비게이션』(서울: 예영 커뮤니케이션, 2009), p. 95.

이 중심에서 하나님과의 만남을 통하여 그분의 능력과 치유와 위로를 받아들인다(letting in). 중심에서 같은 길을 따라 돌아 나오면서, 참여자는 다시 기도와 묵상을 통하여 세상을 향한 파송을 받는다 (letting out). 이처럼 미로기도는, 참여자가 직접 걸으면서 기도와 묵상을 병행하기 때문에 '몸으로 드리는 기도'(body prayer) 또는 '도보 묵상'(walking meditation)이라는 별명을 가지고 있다.[83]

국내에는 경기도 양평에 위치한 모새골의 묵상동산에 야외 레버린스가 설치되어 있으며,[84] 서울 성북동의 덕수교회에서는 사순절 기간에 '꽃길기도'라는 이름으로 교육관 옥상에 작은 화분으로 만들어진 레버린스를 설치하여 영성 훈련에 활용하고 있다.

---

83) Lauren Artress, Walking a Sacred Path: Rediscovering the Labyrinth, New York: Riverhead Books, 1995 참고. 장신근, 『창조적 교회교육 네비게이션』, p. 96.
http://www.lessons4living.com/labyrinth.htm, http://labyrinthsociety.org
84) http://www.mosegol.org

그룹 토의

1. '장로교 예배모범'이란 무엇인가? 그 근본정신과 예배 진행 순서를 찾아보고, 현재 자신이 드리고 있는 예배와 어떤 차이가 있는지 살펴보라.

2. 현재 여러분이 사역하는 교회는 성도들의 기도 생활을 위해 어떤 교육 목회 커리큘럼을 제시하는가? 그것으로 충분하다고 생각하는가? 충분하지 않다면 무엇이 더 필요하다고 느끼는가?

교회
교육
실천

디다케
신앙 공동체를 위한 이론과 실천

"그들이 사도의 가르침을 받아"(행 2:42)

가르침이란 무엇인가?

●●●

 헬라어 '디다케'(didache, 영어로는 teaching)는 부정사 디다스케인 (didaskein, 영어로는 to teach)에서 파생한 것으로, 기독교회에서 역사적으로 중요한 의미를 가진 단어이다. 디다케는 기독교 공동체에서 고유명사로 일반적인 가르침이 아니라 특별히 '사도들의 가르침'을 가리킨다. 이 사도들의 가르침은 신명기 6장 6-7절[85]에서 강조하는 이스라엘의 교육과 관련이 되면서, 그때부터 지금까지 교회에서 가르침과 연구의 중심이 되어 왔다. 한국 교회도 디아코니아나 코이노니아 같은 영역은 소홀히 하면서도 가르침, 즉 디다케라고 말하는 영역은 다른 교육목회의 영역보다 훨씬 많은 비중을 두고 실천해 왔다. 하지만 한국 교회가 지금까지 디다케를 잘 실행해 왔다 해도, 여전히 가르침은 교회에서 중요한 교육목회의 영역으로서 지속적으로 새롭게 개발해야 할 커리큘럼이다.
 교회에서 기독교에 '관해서'(about) 가르치는 것이 중요하지 않다고

---

85) 신명기 6장 1-6절은 히브리 교육의 근본이 되는 성경 말씀이며, 이스라엘의 쉐마 교육의 근거가 되는 구절이다.

주장하는 웨스터호프조차도 교회 생활에서 가르침이 갖는 중요성을 간과하지 않는다. 그런데 한국 교회는 오히려 디다케 영역에 지나치게 치중하여 지적 교육 위주의 폐단을 야기하고 있다는 게 문제이다. 성도들이 많이 배우기는 하지만, 거기서 그치고, 배운 것을 실천하는 데는 힘을 기울이지 않기 때문이다. 그렇다고 해도 한국 교회에서 디다케에 관심을 덜 기울여야 한다는 것은 아니다. 여전히 교회에서의 가르침의 영역은 성경지식을 전수하거나 도덕적인 결단을 내리는 일, 신학적으로 사고하는 것과 같은 지식을 제공하는 데에는 유용하다.[86] 김정훈도 가르침의 중요성을 강조한다. 그는 기독교교육에서의 가르침을 마태복음 28장 18-20절에 나오는 "가르쳐 지키게 하라"는 말씀에 근거하여 "지키게 하는 가르침"으로 정의하면서, 사람을 변화시킨다는 것은 가르침의 사역에서 가능하다고 한다.[87]

가르침에 대한 새로운 이해

한국 교회가 가르침에 주력했지만, 한국 교인들의 신앙이 지적인 영역에서만 성장하고 온전한 믿음으로 성장하지 못한 까닭은, 가르침의 사역을 열심히 하긴 했지만 제대로 하지 않았기 때문이다. 따라서 한국 교회의 교회교육이 새롭게 되기 위해서는 '가르침'에 대한 새로운 이해와 개발이 필요하다.

가르침은 단순히 지식 축적만을 목적으로 하지 않는다. 가르침은

---

86) 박상진, 『기독교교육과 사회』, p. 63.
87) 김정훈, 『통전적 가르침』(서울: 힌들출판사, 2015), p. 6.

배우는 것에서 더 나아가 실천하고, 그것을 바탕으로 성숙한 믿음을 형성하는 것을 목적으로 한다. 지금까지 한국 교회는 가르침을 교리 교육이나 제자교육, 공과 교육, 성경공부 등 지식 전달식으로 행해오면서, 배움이 실천으로 나아가게 하지 못했다.

원래 가르침이라는 개념은 우리가 생각하는 것보다 훨씬 폭넓다. 다다케란 가르치고 배우는 과정이다. 교수(teaching)는 학습을 전제로 하고, 학습(learning)은 교수에 의해 나타나는 것이다. 그래서 교수와 학습은 불가분리의 관계에 있다. 어떤 목적에 따라서 어떤 내용을 가지고 어떻게 가르칠 것인가를 확정하는 것이 교육가가 담당하는 중요한 임무이다. 과거에는 교수-학습의 방법을 교수 형태, 교수 방법, 수업 방법, 수업 전략 등 구체적이고 좁은 의미로 생각했다면, 이제는 점점 교육 목적의 탐구, 교육 과정의 구성, 수업 지도, 교육의 평가와 과정을 중요하게 여기면서, 교육 방법의 다양성을 추구하고 있다. 이러한 교육 방법의 다양성 추구는 다양한 교육 방법을 통합하는 현상으로 나타난다. 음악, 미술과 치료가 만나고, 연극이 교육과 만나고, 교육은 치료와 만나는 등 여러 가지 분야가 서로 교차하며 인간을 돕는 기술과 영역의 확장을 꾀하고 있다.

교육목회는 디다케의 영역을 학교식 교육과 같은 지식 전수에만 국한하지 않고, 가르침을 교회 생활 전체로 확대시킨다. 지금까지 가르침은 결과만 중요시하였다. 피교육자들로 하여금 얼마나 많은 지식을 축적하게 하느냐가 중요했다. 그러나 가르침은 목표뿐만 아니라 교육이 행해지는 과정도 중요하게 생각해야 한다. 가르침에는 가르쳐질 지식과 행위 체계가 함께 존재한다. 가르침 자체 속에 행위와 과정이 함께 자리하면서 가르침의 내용을 전한다. 지식만 전달하는 경우는 없다. 교육에서 교육 내용과 아울러 교육하는 사람도 중요하다. 교육자가 피교육자들에게 교육 내용을 전달할 때, 그 교육 내용은 교사에 의해 재해석되고 재형성되어 전달된다. 이 과정에서 가르치는 내용과 더불어 가르치는 자의 품성도 전달된다. 그렇기 때문에 교육은 지식 전달만으로 그치지 않는다. 이렇게 가르침은 다양하고 폭넓은 영역을 포함한다.

예를 들어, 목사님과 성경공부를 할 때, 성도들은 단순히 목사님이 전달하는 성경의 내용만을 배우지 않는다. 가르치는 목사님의 언어, 인품, 강의 내용, 전달 방법, 복장, 태도, 주변의 환경, 공동체의 분위기, 평소 목사님의 목회철학과 삶의 모범, 배우는 성도들의 믿음, 상황, 열의, 갈급해 하는 욕구, 지적 수준 등 수많은 요인들이 가르치고 배우는 과정에서 작용한다. 그리고 이 모든 것들이 어우러져 가르침의 결과를 낳는다. 그러므로 가르침은 단순한 지식 전달이 아니다. 교육하는 과정에서 지식은 목사님과 성도들 사이에서 발생하는 많은 요인들에 의하여 재해석되고 재형성되면서, 삶의 실천으로 이어진다. 이 모든 과정이 다 가르침이다

엘리어트 아이즈너(Elliot W. Eisner)는, 가르침은 교사가 학생들에게 어떤 이야기를 한다거나 토의를 지도했다고 해서 일어나는 것은 아니라는 사실을 유의해야 한다. 가르친다는 것은 어떤 분위기를 형성하는 것인데, 그렇다고 해서 교사가 학생과 꼭 상호 접촉을 해야만 하는 것은 아니라고 했다.[88] 교사가 교재를 선택해 주거나, 학생들이 작업을 할 때 미술 재료를 선정하거나 학생들이 이러한 자료를 잘 활용할 수 있도록 도와주는 등 분위기를 조성하는 일이 가르치는 일에 포함된다. 한마디로 말해서, 가르치는 일은 꼭 학생과 교사가 교훈적인 이야기를 해야 한다거나 대화를 나누어야만 한다는 것

---

88) 엘리어트 아이즈너, 이해명 역, 『교육적 상상력』(서울: 단국대학교출판부, 1983), p. 232.

이 아니다. 가르침은 지적으로 다듬어진 분위기를 통해서 이루어지는 것이다. 우리가 가르침을 학교식 교육과 같은 지식 전달로 여기지 않고 위와 같이 이해한다면, 가르침의 영역은 더욱 넓어지며 가르침의 방법 또한 매우 다양하게 사용할 수 있다.

가르침의 다양한 형태와 방법들

가르침에 대한 새로운 이해를 가지고 가르침의 형태들을 찾아보면, 그 형태들이 아주 다양하다는 것을 알 수 있다. 마리아 해리스는 가르침에 대하여 새롭게 이해해야 한다고 강조하면서, 가르침에 사용할 수 있는 다양한 형태들을 제시한다. 그것은 말로 된 형태들(verbal forms)[89], 땅의 형태들(earth forms)[90], 구체화된 형태들(embodied forms)[91], 발견을 위한 형태들(forms for discovery)[92]이다. 마리아 해리스가 제시해 주는 가르침의 다양한 형태들은 우리에게 생소한 것들이 아니다. 기독교교육에 대해 이해하고 가르침을 효과적으로 수행하려는 열성적인 교사들은 이미 이러한 많은 방식들을 교회교육에서 사용해 왔다. 우리가 교회교육에서 사용해 온 가르침의 방식들은 아주 다양하다. 말로 가르치는 강의법이나 토의법은 인류가 교

---

[89] 시, 비유, 시편, 드라마, 풍자, 모의 재판, 질문, 사례 연구, 합창으로 표현하기, 노래.
[90] 촛불 켜기, 탄원서 태우기, 모의 세례식, 따뜻하게 하기 위해 불을 피움, 진흙 빚기, 기도를 위해 숨 쉬는 연습하기, 정원 가꾸기, 노약자들을 위한 잔디밭 가꾸기, 갓난아기 목욕시키기, 누에고치가 나방이 되는 과정 관찰하기.
[91] 영화 제작하기, 비디오 녹음하기, 연 날리기, 춤추기, 은막 만들기, 초상화 그리기, 야외 박물관 여행, 자연 산책, 있는 재료로 음식 만들기, 연극 공연.
[92] 1달러만을 가진 채 낯선 도시에서 3일 보내기, 낯선 사람에게 꽃 전달하기, 광대 마스크 쓰고 쇼핑 센터를 조용하게 가로질러 가면서 사람들을 보고 미소 짓기, 교회에서 다른 교우와 하루 동안 작업장을 바꾸어 보기, 몇 시간 동안 1세기에 태어난 사람처럼 행동해 보기.

육을 시작한 이래 가장 보편적이고 효과적으로 가르치는 데 사용한 방법들이다. 최근에는 말로 하는 이러한 것들보다는 이미지나 상상력을 동원하여 가르침의 효과를 높이고 있다. 그래서 예술로서의 기독교교육 방법에 대한 이해와 활용도가 높아지고 있다.

강의 형태, 질문, 음악, 미술, 이야기, 상징, 프레젠테이션, 비블리오 드라마, 액션 메소드 등 많은 교회교육의 형태들을 통하여 더욱 확실하게 가르치고 배울 수 있다. 이렇게 많은 형태들을 사용할 때는 어떤 내용을 어떤 형태에 담아 배우도록 할 것인가를 결정하는 일이 매우 중요하다. 내용은 노래를 통해 가르쳐야 효과적이며, 노래라는 형태를 사용하여 그 내용을 가르치는 것이 좋다. 만약 가르치려는 내용을 그림으로 표현하거나 공작 활동을 하면서 할 때 더 효과적이라면, 미술의 형태를 가지고 가르치고자 하는 내용을 담아서 배우도록 한다. 그러므로 가르침의 방식은 가르치려는 내용에 따라 효과적인 것을 선택해야 한다.

예를 들어, 성경 66권에 어떤 책들이 있는지 알게 하려고 한다면, 멜로디에 성경 66권의 가사를 적용하여 노래로 배우게 할 경우, 아이들은 성경책의 순서와 이름을 쉽게 암기하고 기억할 수 있다. 만약 유치부 어린이들에게 천지창조와 오병이어의 기적 같은, 지식으로 가르치기 힘든 신비로운 내용을 가르치고자 한다면, 이야기 형태로 그 내용을 담아냄으로써 어린이들이 상상력을 통하여 신비로운 성경의 내용을 받아들일 수 있게 하는 것이 효과적이다. 또 활동량이 많고 주의집중이 힘든 아동부 어린이들이라면, 액션 메소드 같은 형태로 가르칠 수 있다. 이때 주의할 점은, 가르침에서 형태를 그 내용보다 더 중요하게 여겨서는 안 되며, 우리가 노래를 배우고 활동을 하고 이야기를 듣는 목적은 바로 가르치려는 메시지, 즉 내용을 어떻게든지 학습자들이 이해하고 받아들이도록 하는 데 목적이 있음을 명심하는 것이다.

가끔 가르치는 교사들이 혼동을 하는 것이 있다. 새로운 형태들, 방법들에만 관심을 기울이고 정작 가르쳐야 하는 내용이나 성경 본문에 대한 깊이 있는 이해와 탐구는 하지 않고, 재미있고 새로운 방법과 형태들이 가르침에 효과적이었다고 만족하는 경우가 있다. 그러나 중요한 것은 내용, 즉 메시지임을 절대 잊어서는 안 된다.

보통 가르침은 주로 주일학교에서 행해진다고 생각하지만, 가르침은 어린이와 청소년에게만 국한된 것이 아니다. 오히려 성인들, 특히 노인 세대에게까지 확대시켜 그 사역을 진행할 수 있다.

어느 교회 사경회는 좀 특별했다. 오전에는 보통 하는 방식대로 사경회 강사 목사님의 설교 말씀을 듣고, 점심 후 오후 시간에는 강사 목사님으로부터 성경공부를 하는 시간을 가졌다. 이 성경공부 시간에는 강사 목사님의 일방적인 강의로 진행하지 않고, 참석한 교인들을 소그룹으로 나누어 성경공부 한 내용을 활동과 연결시켰다. 같은 본문 말씀을 가지고 각각의 소그룹은 음악, 미술, 게임, 연극 등 다양한 방법으로 그 본문을 공부하고 연구하고 표현하였다. 결과는 대만족이었다. 강사의 일방적인 강의를 듣고 끝마치지 않고, 자신들이 하나님의 말씀을 공부하고 깨달은 것과 질문, 삶의 적용을 그림과 노래로, 몸으로 표현하면서 하나님의 말씀을 자신들의 것으로 만들게 된 것이다.

가르침을 새롭게 이해하고 나면, 이 세상에 존재하는 모든 것들을 가르침에 사용할 수 있다. 자연에서 얻을 수 있는 땅의 흙, 잔디밭, 물, 곡식, 나뭇잎, 풀, 꽃을 비롯하여 여러 물건, 노래, 의상, 촛불, 십자가, 그림, 사람들, 이런 것을 활용하여 얼마든지 가르침을 폭넓게 하고, 배우는 사람들에게 다양한 경험을 통하여 지식을 전달하고 신앙을 가르칠 수 있다.

교사는 주변에 있는 자연과 물건, 사람, 환경 등을 늘 주의 깊게 관찰하여야 한다. 내가 가르치고자 하는 내용을 전달하고 배우는 학습자들이 그것을 잘 이해하고 행동하고 변화되도록 많은 형태를 사용할 수 있어야 한다. 또한 교사는 '강의하는 사람', 학생은 '교재를 가지고 지식을 전달받고 배우는 사람'이라는 정해진 기존의 사고방식에서 벗어나, 교사와 학생이 함께 가르치고 배우고, 그 과정에서 서로 쌍방향 커뮤니케이션이 일어날 수 있도록 하며, 책과 칠판, 교실 같은 틀에 박힌 가르침의 도구들만이 아니라 앞에서 제시한 많은 것들을 사용하여, 가르침을 풍성하고 다양하고 새로운 것들이 창조되는 과정이 되게 해야 한다.

가르침은 위와 같은 광범위한 형태들을 통해서 발생한다. 또한 개인, 공동체, 책임을 부여받은 담당자뿐만 아니라, 교회의 다양한 사역들인 코이노니아, 레이투르기아, 디다케, 케리그마, 디아코니아 등 교회 사역의 커다란 형태들을 통해서도 가르침이 발생한다. 지금까지의 가르침 형태들은 대부분 말에 의한 것이지만 그렇지 않은 형태들도 많기 때문에, 우리를 둘러싼 자원들의 풍부함을 발견하여 가르침의 방법과 자원의 영역을 확대해야 할 것이다. 세계적인 단위의 의사소통이 이루어지고, 정보와 지식이 자유롭게 유통되는 이 시대에, 더더욱 가르침의 개념을 새롭게 정립할 필요가 있다.

지금까지 행해 온 한국 교회의 가르침은 학교식 가르침의 방식을 따르고 발전시켜 왔다. 가르침이 교사 중심의 일방적인 수업 형태로 일관되어 오면서, 학습자 스스로의 문제 해결 능력, 자율적 탐구 능력, 비평적 사고와 토론 등의 결여라는 문제점을 낳았다. 앞으로 가르침의 활동은 교사 중심이기보다는 학습자 중심, 강의 위주보다는 다양한 교육 방법 개발, 결과를 중시하기보다는 과정 자체의 가치를 인정하는 교육으로 전환되지 않으면 생명력 있는 가르침이 일어날 수 없다. 그래서 파커 팔머(P. Palmer)는 가르침이란 "진리에 대한 순종이 실천되는 공간을 창조하는 일이다"[93]라고 말한다.

가르침과 탐구

지금까지 교회 사역에서 가르침이 제대로 이루어지지 않은 이유는, 앞에서도 언급한 것처럼 가르침을 단순히 내용 전달로만 이해했기 때문이다. 그러나 가르침은 심오한 것이다. 가르치고 전달한 신앙의 내용이 피교육자들의 삶에서 해석되어 신앙적인 행위로 실천되기 위해서는, 그 내용이 재해석되고 재형성되어 실현되는 과정을 거쳐야만 한다. 하지만 지금까지는 그러한 가르침의 과정들을 제대로 고려하지 않았다. 이러한 가르침의 과정에서 일어나는 재해석과 재형성은 필연적으로 탐구와 신학적 성찰의 단계를 거치게 된다. 탐구와 신학적 성찰의 단계가 없이 수동적으로 지식을 받아들이는 것으로 이해한다면, 그 가르침의 내용을 자신의 것으로 만들고 삶에서 실천할 수 있는 능력을 기를 수 없다.

---

93) 파커 팔머, 이종태 역, 『가르침과 배움의 영성』(서울: IVP, 2000), p. 157.

한국 교회는 지금까지 수없이 많은 성경공부들을 통하여 사랑의 하나님을 가르쳐 왔다. 그러나 지금 한국 교회는 사랑을 실천하는 곳이 아니다. 곳곳에 분쟁과 싸움이 그치지 않는다. 사랑으로 서로 용서하고 격려하고 용납하여 신앙의 공동체를 이루는 일에 실패했다. 왜 이런 결과를 낳은 것일까? 그렇게 많은 가르침이 이루어졌는데도 왜 그 가르침이 실행되지 못하는 것일까? 사랑의 하나님에 대하여 배웠지만, 사랑하기 위하여 탐구하고 인내하고 희생하는 과정을 통해 사랑을 배우지 못한 것이다. 배운 것을 생활에서 실천해 보려는 노력, 불가능한 부분, 가능한 부분, 성령의 도움이 필요한 부분들을 분석하고 다시 실천하고 반성하고 나아가는 과정을 거치지 않았다. 그저 알고 있는 것에 그치면서도, 내가 실제로 행하고 있다고 착각하며 살아가기 때문이다. 지식으로만 알 뿐 복음의 능력을 받아 실천하는 힘을 기르려고 애쓰지 않았다.

마리아 해리스는 가르침이 인간 자신의 변화 없이 행해지고 있는 것에 대해 반발한다. 이것이 바로 가르침을 단순히 지식 전달이나 테크닉이나 기술(skill)로 볼 수 없는 가장 큰 이유이다. 넬슨도 교회가 신앙 공동체로 형성되기 위해서 해야 할 중요한 기능 중 하나로 탐구(searching)를 말하고 있다. 그는, 신자의 공동체는 성경의 탐구를 통해서 신앙을 의미 깊게 해야 한다는 것이다. 여기서 탐구란 어떤 목적에 도달하기 위하여 많은 자원들을 사용하는 것을 말하며, 이 탐구가 신앙을 이해하기 위해서 사용될 때는 모든 정신적 기능들을 사용해야 한다.

마리아 해리스는 '디다케'를 가르침의 커리큘럼을 나타내는 광범

위한 의미로 사용한다. 또한 학교교육의 커리큘럼과도 연관되어 사용한다. 가르침은 단지 교회 생활로 인도하는 기초 지도, 그리고 전통의 전수만이 아니다. 다시 말하면 그것은 성경의 해설과 적용만이 아니다. 가르침은 재해석, 질문, 분석, 때로는 거절과 저항의 행위이기도 하다. 세계 속에서 제기되는 보편적인 질문들에 대한 답을 얻기 위해서 문제를 제기하는 행위이기도 하다. 가르침은 오늘날 종교적으로 우리 자신의 전통뿐만 아니라 종종 우리 전통과 갈등을 일으키고 도전하기도 하며, 해명하지 않으면 안 되는 다른 종교들과 그 종교들이 제공하는 통찰력에 대한 연구까지 포함한다.[94]

마리아 해리스에 의하면 "탐구 없이는 어떠한 도그마(교리)도 받아들이지 말라. 왜냐하면 탐구 없이 도그마를 받아들이는 것은 그것이 틀릴지도 모르기 때문이다"라고 했다. 또한 더 나아가서 "탐구 없이 그 어떤 도그마도 거부하지 말라. 왜냐하면 그것이 옳을지도 모르기 때문이다"[95]라고 말했다. 가르침이란 재해석하고, 질문하고, 분석하고, 거절하고, 저항하는 행위이고, 따라서 '가르침'은 무엇보다 '문제를 제기하는 작업'으로 규정할 수 있다. '왜 그러한가?'라고 질문할 수 있는 탐구의 과정을 수반할 때, 진정한 가르침이 일어나기 때문이다. 교사는 이 과정을 두려워해서는 안 된다. 이 과정에서 하나님의 영, 성령은 역동적인 힘과 지시하는 실재로서 역사하신다.

가르치는 자는 배우는 내용에 대하여 학습자가 질문을 하고, 의문을 제기하고, 때때로 저항하는 태도를 보이는 것에 대하여 두려워하거나 거절해서는 안 된다. 교사 자신이 먼저 하나님의 진리에 대하여 공부하고, 생각하고, 질문해 보고, 답을 얻고 하는 탐구의 과정

---

94) 마리아 해리스, 『교육목회 커리큘럼』, p. 141.
95) 마리아 해리스, 『교육목회 커리큘럼』, p. 141.

을 거쳐 가르칠 내용을 준비한다면, 이러한 상황을 힘들어 하지 않을 것이다. 오히려 자신이 탐구한 내용들을 학습자와 나누며, 해답을 얻지 못한 것들에 대하여 함께 탐구하고 질문하고 대화하는 것을 즐겨야 할 것이다. 가끔 학생들이 내게 이런 말을 한다.

"교수님 시간에는 자유롭게 말할 수 있어서 좋아요. 면박을 주지도 않고 저희들을 존중하시는 것이 느껴집니다. 그리고 계속 어떤 것에 대하여 생각하도록 자극해 주고 받아 주고 나누는 분위기가 좋습니다."

이러한 자유로운 탐구 분위기를 이어가기 위해서는, 교사와 학습자들은 무엇보다 상상력을 충분히 활용해야 한다. 상상력은 성령과 함께 우리의 삶으로부터 일어나는데, 상상력에 대한 능력은 일단 점화되면 세차게 타오르기 시작하는 불과 같은 것이 된다. 그리고 이 불은 모든 교수 활동들을 역동적으로 작동하게 할 것이다. 재창조가 일어나고 학습자들이 새롭게 도전받고 마음이 일깨워질 때, 가르침에 대한 사명도 더욱 불타오를 것이다. 그러면 상상력도 더 고양되고, 학습자들로 하여금 말씀의 성육화를 체험하게 해준다.[96] 이런 과정을 통해서, 기독교 교육적 가르침은 학습자들로 하여금 생명력 있고 역동적인 삶을 살게 하는 무한한 힘을 부여해 준다.

디다케의 갈등구조

가르침을 신앙의 내용 전달과 그 내용의 재해석과 재형성을 통한

---

96) 마리아 해리스, 김도일 역, 『가르침과 종교적 상상력』(서울: 한국장로교출판사, 2000), p. 181.

실천까지를 포함해서 이해할 때, 계속 논란될 수밖에 없는 문제들 중 하나는, 신앙의 내용(전승)과 현재의 생활(경험) 사이의 긴장과 갈등의 문제이다. 기독교 교육학자들이 직면하는 가장 힘든 작업 가운데 하나가, 바로 과거로부터 전수된 신앙 내용을 현재와 미래의 삶으로 연결하는 문제이다.[97] 신앙의 생활, 내용과 경험, 과거와 현재, 그리고 미래가 상호연관성을 지니고 조화로운 균형을 유지하게 하는 일이 기독교교육이 맡은 중요한 과제이다.

예를 들어, 우리 개신교의 신앙교리를 가장 잘 간추려 놓은 '소요리문답'도 이제는 거의 사용하지 않는다. 너무 구태의연하고, 그것을 배워도 실제 삶에서 적용하기 어렵기 때문이다. 이것은 요리문답을 예전 형태대로 유지하면서 현대적 의미로 해석해 주지 못하고, 그것을 실제 삶과 연결해 주는 작업을 하지 않았기 때문이다. 그래서 교회들은 디다케의 기능을 '양육'이라는 명목으로, 주로 성경교재를 가지고 훈련하는 일로 대신해 왔다. 다양한 교수 학습 방법들이 있음에도 불구하고, 여전히 강의식에 의존하는 상황이다. 결국 교회가 디다케를 양육 위주의 성경공부로 대체하고, 학습자들이 삶에서 그것을 그들이 처한 상황에서 새롭게 해석하게 하고 자신들의 삶에서 구체적으로 실천하게 도와주는 작업들을 하지 않음으로써, 성도들이 비현실적인 신앙교육으로 인해 현실에서 오히려 신앙적 갈등만 겪는 부정적인 결과를 낳았다.

토머스 그룹은 이러한 과제를 해결하기 위하여 '나눔의 실천'(shared praxis)의 방법을 제시한다. 그는 '3단계 비판적 성찰'(비판적 추론-비판적 기억-비판적 성찰)의 과정으로 이루어지는 해석학적 접근을 통한 가르침을 주장한다. 그에 의하면, 성육하신 예수 그리스도에 대

---

97) 김정훈, 『통전적 가르침』, p. 243.

한 특유한 역사적 경험으로 말미암아 우리의 삶이 새로운 의미와 힘으로 채워졌기 때문에, 교회에서 행하는 신앙적 가르침은 사람들로 하여금 신앙의 내용(예수 그리스도를 통한 하나님의 구원 이야기)과 생활 경험이 서로 대화 관계를 유지하게 하면서, 그것이 그들의 삶에 새로운 의미를 줄 수 있도록 해석하게 하는 일이다.[98] 그 해석은 교회, 즉 신앙 공동체 안에서 이루어져야 한다. 이러한 가르침은 평생 받아야 한다. 그리스도인들은 순간의 회심에서 끝나는 것이 아니라, 일평생에 걸쳐 회심 상태를 지속하고 계속 새로워지게 하는 평생교육이 필요하다.

---

98) 김정훈, 『통전적 가르침』, p. 245.

교회 공동체의 신앙적 규범

● ● ●

　신앙 공동체는 그 공동체의 구성원들이 이해하고 따를 수 있는 '신앙과 행위'(faith and practice)에 대한 규범을 갖고 있어야 한다. 교회의 역사와 전통들 속에서 전해 내려온 사도적 해석들과 성경해석들을 통하여, 신앙을 기술하고 전달하는 노력을 지속해야 한다. 사랑의 하나님을 가르쳤다면, 실제로 개인의 생활과 교회 공동체 안에서, 더 나아가 이 세상 속에서 그 사랑을 실천하려는 '신앙과 행위'(faith and practice)의 규범들을 성도들에게 제공해야 한다. 또한 그들이 그것을 날마다 실천하고 있는지 점검하며, 그러한 과정을 통해서 삶에 변화를 가져오도록 교회가 가르침의 사역을 성실하게 수행해야 한다.

　부활 이후, 그리스도인들은 구약에 나타난 하나님과의 관계에서 자신들을 발견했고, 또한 예수 그리스도 안에서 자신들을 새롭게 발견했다. 이런 과정에서 그들은 유대교가 준수하는 안식일을 주일로, 주의 만찬을 성찬으로, 유대교가 지키는 도덕적 법률을 자신들의 도덕으로 대체했다.

기독교회는 예수의 어록, 비유, 예수의 해석, 찬송, 예배 자료들을 모으고 보존하면서 자신들의 신앙을 새롭게 규정하는 작업을 통해, 자신들의 신앙과 정체성을 확립해 나갔다. 이러한 작업은 지금도 필요하다. 교회에서의 가르침은 기독교 신앙의 기초 지식을 전수하는 교리 교육을 포함하여, 더 나아가 교인들의 신앙과 생활의 규범을 제시해 주어야 한다.

오늘날에도 교리문답 교육이 필요한가?

누구나 세례받기 전 준비 교육으로 교리문답을 공부하고 테스트를 받는다. '인간이 살아가는 목적이 무엇입니까?' '하나님께 영광을 돌리기 위해서입니다.' 배운 대로 물음에 대답을 잘해서 세례를 받았다. 그러나 하나님께 영광을 돌리며 산다는 것이 무엇인지 구체적으로 알지 못한다.

전통적으로 교회에서는 신앙의 기초교육을 하기 위해 교리문답 교육을 해왔다. 디다케가 '사도들의 가르침'을 의미할 때, 그 사도들의 가르침의 핵심은 무엇일까? 그것은 예수 그리스도의 십자가 죽음과 부활이다. 이것이 사도들이 가르친 핵심이었다. 디다케를 통해서 교육하는 내용은 그리스도가 되신 나사렛 예수의 성육신, 생애, 수난, 죽음, 부활, 죽은 자와 산 자의 심판 등이다. 디다케의 형태로는 교리문답 교육(catechesis)이 가장 대표적인 것으로, 세례 준비 학습자들과 성례식에 앞서 세례를 위한 문답 교육에 사용했는데, 그 구체적인 내용에는 그리스도에 대한 초보적인 교훈의 내용과 회심, 신앙, 부활, 영원한 인정, 세례 등을 비롯해서 더 높은 성숙한 수준의 것까지를 포함한다. 이 교리문답 교육은 초기 그리스도인들로 하여금 신앙의 기초를 쌓게 하고, 그들이 앞으로 그리스도인답게 살아가게 하기에 충분한 교육이었다.

디다케의 중요 기능은, 그리스도인들로 하여금 예수 그리스도에 대하여 확실하게 알고, 그분을 따르고 그 뜻대로 살도록 인도하는 것이다. 다시 말하면, 신앙적인 기초를 확실하게 세워 주는 것이다. 기독교에 대하여 확실하게 이해하고 믿도록 중요한 내용을 간추려서 체계적으로 정리해 놓은 것이 바로 교리이다. 그래서 교리 교육은 신앙교육에서 매우 중요하다. 그러나 현재 기독교회는 교리 교육의 필요성을 인식하면서도, 교리 교육을 통하여 성도들로 하여금 신앙의 기초를 다지게 하고 성숙한 그리스도인으로 살도록 돕는 역할을 제대로 하지 못하고 있다.

그 이유는 무엇일까? 현대 교회에서 교리문답 교육을 계속 이어가는 것은 정말 의미 없는 일인가? 아직도 많은 교회들이 세례자 준비교육을 위해 '교리문답 교육'을 시행하고 있다. 그러나 누구도 현재 교리문답 교육을 하는 방식과 효과에 대한 평가는 결코 긍정적이지 않다. 필요성은 인정하면서도, 교리문답 교육이 너무 구태의연하기 때문에, 피교육자들은 교리 교육을 받고 나서도 신앙의 기초가 다져지고 그리스도인으로 살아가도록 하는 기본적인 신앙이 형성되었다고 느끼지 않는다. 이런 상황이지만, 교리문답 교육은 교회의 신앙교육과 다음 세대에게 공동체의 신앙과 신념을 전수시키기 위해 꼭 필요한 디다케의 중요한 기능이기 때문에, 교리문답 교육을 혁신하는 작업이 필요하다.

교회 초기의 교리문답 교육은 세례 준비 학습자(catechumen)를 위해 실시하다가, 점차 성인 세례 준비자(catechumenate)가 늘어나면서 세례를 위한 교리문답 교육이 되었고, 나중에는 보다 깊은 전통의 진수를 전달하는 교리문답 교육(mystagogical catechesis)으로 발전하였다. 하지만 이러한 교리문답 교육은 성인 대상이 줄어들자 아이들 교육에 초점이 맞춰지면서 사라졌다가, 16세기에 이르러 종교개혁이 일어나면서 신앙의 초보적인 교육에 대한 필요가 대두하자 부활하였다. 이처럼 역사적으로 교리문답 교육은 그 내용에 있어서는 변함이 없으나, 사용 방법이나 대상, 해석과 적용에 있어서는 많은 변화를 가져왔다.

따라서 현대에서도, 교리문답 교육을 디다케의 중요한 과제로 인식하고, 이 시대에 맞는 교리교육의 형태와 교수 방법 등을 연구하고 개발해야 할 것이다. 이런 연구와 개발이 이루어지기 위해서는, 교리신학자들과 기독교 교육학자들 간에 긴밀한 협력이 반드시 필요하다.

'신앙과 행위'(faith and practice)의 규범

텍사스 엘파소의 월마트에서 총기 사건이 일어났다. 한 백인 청년이 히스패닉계에 대한 혐오로 인하여 무차별 총격을 가한 것이다. 20여 명이 사망하고 많은 사람들이 부상을 입었고, 사람들이 겪는 정신적인 고통과 사회적인 두려움이 심각했다. 그런데 이런 큰 사건이 발생했음에도 한인교회는 아무런 응답도 하지 않았다. 기도회조차 열지 않았다. 아무런 일이 일어나지 않은 것처럼 교회는 보통 주일과 똑같이 예배를 드렸고, 사람들도 그 일에 대하여 아무런 말도 하지 않았다. 한 젊은 청년은 이것을 이해하지 못했다. 교회는 왜 그 비극에 침묵하는가? 이런 사건에 대하여, 그리스도인으로 어떻게 바라보고 어떻게 행동해야 하는지 교회가 전혀 말해 주지 않는 것에 대하여, 그는 심한 회의를 갖고 있다.

우리는 날마다 삶의 현장에서 발생하는 일들을 어떻게 판단하고 어떻게 대처하는 것이 신앙적인지 알지 못하여 방황한다. 신앙의 내용은 알고 있지만, 구체적인 상황에서 신앙적으로 확실하게 행동하도록 교육받은 행동 지침이 없기 때문이다. 우리 교단은 국가적으로, 그리고 사회적으로, 우리의 삶에 중요한 일들이 일어날 때마다 목회서신을 만들어서 각 교회에 발송한다. 하지만 누구도 총회장 명의로 발송하는 목회서신을 읽고, 그것을 자신의 삶에 적용해서 행위의 규범으로 삼지 않는다. 교회도 목회서신을 성도들에게 알려 주기는 하지만, 성도들이 목회서신이 제시하는 것을 어떻게 실생활에서 실천해야 하는지에 대한 구체적인 행동 지침을 주지 않는다. 한마디로, 교인들이 알아서 판단하고 행동하라는 것이다.

믿는 자들의 공동체는 성경 탐구를 통해서 신앙생활을 의미 있게 해야 한다. 성경은 우리의 삶에서 발생하는 모든 것들에 대하여 단순하게 단답형으로 답을 주지 않는다. 우리가 그 답을 발견하기 위하여 애쓰지 않으면 찾지 못한다. 하나님 나라는 쉽게 발견하고 쉽게 얻을 수 있는 것이 아니다. 성경은 하나님의 나라를 '밭에 감춘 보화'와 같다고 비유한다. 또한 상인이 '값진 진주를 발견한 것과 같다'고도 비유한다. 그래서 그 값진 진주를 사기 위해 전 재산을 판다. 밭에 감춘 보화를 캐기 위해 자신의 모든 것을 동원한다. 이런 비유를 통해서, 우리 주님은 상인처럼 모든 것을 다 동원해야 비로소 하나님 나라에 이를 수 있다고 한다.

우리는 성경을 배워서 많이 알지만, 우리의 삶에서 일어나는 많은 상황들 속에서 성경 말씀에 따라 그리스도인답게 사는 법을 잘 알지 못하고, 신앙적으로 어떻게 해야 하는지 결정하지 못한다. 성도들은 자신들이 살아가는 세상에서 일어나는 모든 일들에 대하여 신앙적으로 해석하고 의미를 부여하고 행동지침을 결정하는 데 어려움을 겪는다. 교회 공동체가 당연히 그들을 바르게 인도해 주어야 한다. 성경 말씀에 대한 깊은 연구와 상황에 대한 분석과 이해를 통하여, 성도들이 세상에서 어떻게 살아야 한다는 구체적인 신앙적인 규범을 교회 공동체가 그들에게 제공해야 한다. 그럴 때에야 비로소 하나님의 말씀은 성도들 각자의 삶에서 살아 있고 생명력을 갖는다.

디다케와 윤리적 실천

교인들은 매일 그들의 삶에서 관심사들에 직면한다. 그리고 그 관심사들에 대하여 신앙 안에서 윤리적이고 도덕적인 판단을 어떻게 해야 할지 몰라서 갈등하고 있다.

넬슨은, 교회 공동체는 성도들 삶에 대해 윤리적 판단을 해줌으로써 성도들이 신앙을 윤리적으로 생명력 있게 할 수 있게 해주어야 한다고 말한다.[99] 성도들이 겪는 개인적인 갈등을 규명하고, 성도들이 따를 수 있는 도덕적 기준을 설정하는 데 있어서 교회가 맡은 역할은 아주 중요하다. 성적 윤리, 개종한 이교도, 세금 등 우리가 살

---

99) 넬슨, 『신앙교육의 터전』, p. 112.

면서 겪는 사안에 대한 도덕적 규범과 가치판단을 제공하는 것은 개인이 할 수 있는 일이 아니기 때문이다. 그것은 교회 공동체가 맡은 역할이고 부여받는 책임이다. 교회는 계속해서 삶에서 부딪치는 사안들에 대하여 하나님의 뜻을 찾으려고 탐구하면서, 이것을 성도들에게 명확하게 알려 주어야 한다.

넬슨은 이렇게 말한다.

"만일 교회가 신약의 회중의 역할을 회복하고, 그에 따라서 우리가 고백하는 복음과 사건의 사실들의 관점에 따라서 도덕이 토의되고, 구체적인 사안들이 결정되는 장소가 되지 못한다면, 개인의 도덕에 있어서 점진적으로 무능해질 것이다."[100] 사람들은 하나님의 말씀에 직면할 때, 윤리적으로 어떻게 해야 하는지 갈등한다. 이러한 갈등을 해결하고 신앙적인 삶으로 결단하기 위해서는 교회 공동체의 역할이 매우 중요하다는 것이다.

교회는 가정적인 차원에서 부모가 자녀에게 제시해야 하는 도덕 지침만을 제공하는 것으로 만족하면 안 된다. 교회 공동체는 성도들이 사회 속에 살아가면서 직면하게 되는 많은 문제들에 대처할 수 있는 지침을 성도들에게 주어야 한다. 교회가 이러한 책임을 회피하고, 그저 현실과 무관하게 성경 말씀을 해석하고 들려준다면, 교회는 성도들의 삶을 형성하는 조건들과 무관해지고, 그래서 결국 성도들은 삶과 동떨어진 신앙생활을 할 수밖에 없는 것이다.

한 여집사가 자신의 신앙을 간증하겠다고 했다. 하나님이 자기에게 많은 복을 주신 것을 간증하겠다는 것이다. 그는 작은 공장을 하나 운영하고 있는데, 일을 잘하던 어느 직원이 어느 날

---

100) 넬슨, 『신앙교육의 터전』, p. 113.

여자 친구를 사귀면서 공장 일에 소홀하고 열심히 일하지 않더란다. 그런데 갑자기 그 여자 친구가 교통사고를 당해서 죽었다. 이것을 보고 그는 그 직원이 자기 공장에서 열심히 일만 하라고 하나님이 그 직원의 여자 친구를 데려가셨다고 말했다.

어떤 일을 이런 식으로 판단하는 까닭은, 상황을 신앙적으로 바르게 파악하고 해석할 신앙적 기준이 올바르지 않기 때문이다. 신앙은 윤리적이어야 하고, 삶에서 신앙을 드러내는 실천이 뒤따라야 한다. 신앙이 도덕적이고 윤리적이어야 한다는 것을 교회가 가르치지 않는다면, 성도들은 이렇게 잘못된 신앙을 소유하게 된다.

오늘날 교회들이 생명력을 잃어 가는 원인은, 교회가 성경적·신학적으로 성경을 바르게 해석하고 실천을 제공함으로써 사람들을 변화시키고 문화를 변혁시키는 역할을 망각했기 때문이다. 교단과 교회 공동체가 교수직의 권위를 갖고 있지 않다. 이제부터라도 교수직을 회복하고, 교회 공동체에 바른 신학적 해석과 실천을 제시하며 성도들의 삶을 이끌어 가야 한다.

프린스턴 신학교 교수인 리처드 오스머(Richard Osmer)는, 교회가 루터와 칼빈에 의해 형성된 전통적 교수직의 유산을 재발견하여, 오늘날 생명력을 잃은 교회들이 가르치는 권위를 회복해야 한다고 강조한다. 그래서 교회 공동체 안에서 권위주의적이지 않으면서도 권위 있는 가르침의 사역이 이루어지고, 제대로 된 기독교의 신앙적 기초를 세워서 기독교 정체성을 확립하고, 이 시대의 문화를 어떻게 이해하고 받아들일 것인지에 대한 방향을 제시해 주는 교회의 가르침이 더욱 절실히 요구된다는 것이다.

리처드 오스머는 이러한 교수직의 권위를 회복하기 위해서는 신학자와 신학교, 교육 담당 전문기관과 교육지도자, 그리고 회중 등 세 중심체가 참여해서 1) 교회의 규범적 신념과 실천방안을 결정하고, 2) 변화하는 사회문화적·역사적 콘텍스트 안에서 교회의 신념체계와 실천 과정을 재해석하며, 3) 교회의 신념과 실천이 가르쳐질 교육제도와 교육 과정을 마련하고 유지하는 일에 상호협력의 밀접한 네트워크를 형성할 것을 제안한다.[101]

오스머는 『교육목회의 회복』에서, 교회가 실천신학적 성찰의 실제적인 센터가 되어야만 오늘날 주류 교회들이 생명력을 가질 수 있다고 한다. 이런 일들이 일어나기 위해서는 현대 교회들이 '배움의 영'(teachable spirit)을 가져야 한다고 말한다. '배움의 영'이란 지금까지 믿어 온 것을 포기하고, 하나님의 용서하시고 변형시키시는 은혜에로 그 자신을 열려고 하는 바람을 가리킨다. 자신의 것보다는 하나님의 것을 찾고 추구하는 열정을 갖는 것이다. 이런 배움의 영을 하나님으로부터 받은 사람은 사람이나 제도, 정치에 순종하지 않고, 바로 하나님의 가르침에 순종하고 따르려는 결단을 한다. 이것이 곧 하나님 앞에서의 경건한 모습이다.

---

101) 리처드 오스머, 박봉수 역, 『교육목회의 회복』(서울: 한국장로교출판사, 1996), p. 28.

가르침과 예술

현대의 기독교교육에서는 커리큘럼에 대한 이해가 달라지고 있다. 지금까지는 교사와 학생, 교재와 교실과 같은 눈에 보이는 형식적인 교육 시스템 속에서 언어를 사용하는 교수 방법을 중요시해 왔으나, 교육이 단순한 지식 전달이나 축적이라는 의미가 없어지면서 새로운 교육 방법들이 제시되고 있다. 예를 들어, 아이즈너는 성경의 이야기를 상징화하여 학생이 예술적 상상력에 기초하는 학습자 중심의 예술 교육을 할 수 있는 교육 과정을 말하고, 마리아 해리스는 기존의 교수 방법 이론과 교육 과정에 대한 대안으로서 예술적인 교수 방법을 제안한다. 그렇기 때문에 이제 가르침은 언어를 사용하는 교수 방법만을 생각해서는 안 된다.

교육은 예술적 상상의 작업이다. 그래서 마리아 해리스는 교육을 '빚어가기'(fashioning)라고 표현한다. 미래의 교육은 이미 정해진 형태에 따라 그대로 행하는 것이 아니라, 그때그때마다 구체적인 상황에 알맞은 형태들을 창조하고 만들어 가고 디자인하는 창조적인 예술 작업과 같다. 미래의 바람직한 인간상이 유동적이고 창의적 인간이라면, 교사도 유동적이고 창의적으로 패러다임 전환을 하지 않는다면 다음 세대를 위한 교사가 될 수 없다. 특히 이미지와 상상력이 지적인 인식 능력보다 더 높은 가치를 인정받는 4차 산업혁명 시대에 교육은 여러 가지 면에서 많은 변화를 가져올 것이고, 교육가는 이에 발맞추어 변화하지 않으면 다음 세대의 교육을 제대로 해내지 못할 것이다.

영국의 낭만주의자 사무엘 테일러 콜러리지(Samuel T. Coleridge)는 합리적으로 사물을 보는 것만으로는 진리를 온전히 알아낼 수 없고, 상상력을 통해 사고와 감각이 유기적으로 통합되어야 진리 인식이 가능하다고 주장했다.[102] 역사적으로 이 시대만큼 상상력이 강조되는 시기가 없을 것이다. '교육과 상상력'의 관계를 이해하지 않고 미래의 교육을 담당할 수 없을 것이다. 과거에는 지적인 능력만을 최고의 능력으로 삼았으나, 현대에는 과거와 달리 예술적인 방법도 인간의 중요한 인식의 방법으로 여긴다.

굿맨은 언어만이 인지적 기능을 해온 것이 아니라 모든 예술도 본질적으로 인지적(cognitive) 기능을 담당해 왔고, 그 기능은 과학의 그것에 비하여 결코 떨어지는 것이 아니라고 주장한다.[103] 예술적 방법을 중요한 인식의 한 방법으로 여긴다면, 예술이 사용될 때 인간이 사용하는 상상력은 교육에 있어서 깊이 연구해야 할 영역이 되었다.

나는 어릴 적 주일학교에 다닐 때, 선생님으로부터 성경 말씀

---

102) 김진혁, "신학과 예술의 만남", 예술목회연구원 편, 『예술신학 톺아보기』(서울: 신앙과지성사, 2017), p. 153.
103) 양금희, 『이야기·예술·기독교교육』(서울:장로회신학대학 출판부, 2010), p. 165.

을 많이 듣고 배웠다. 그러나 지금 남는 것은 별로 없다. 오히려 어릴 때 배운 주일학교 찬양인 "어린 사무엘 기도했어요 나도 할래요 나도 할래요"라는 노래를 나는 지금도 기억한다. 주일 공과 시간에 많은 것들을 배웠음에도 불구하고, 내게 남아 있는 유치부 시절의 기억은 크리스마스 발표회뿐이다. 빨간 치마에 흰 티셔츠를 입고 노래와 율동을 했던 기억만 남아 있다. 이런 경험에 비추어 보면, 굿맨이 언어를 통한 인지적 기능보다 오히려 예술이 지금까지 인지적 기능을 해왔다는 주장은 타당하다고 나는 생각한다.

그렇다면 어떻게 이러한 예술적 방법이 언어보다 더 오래 인지적 기능을 해왔을까? 오늘날에도 주일학교에서 가르침을 행할 때 여전히 강의 방식으로 직접적인 언어를 사용하여 가르치지만, 음악이나 미술, 몸을 통한 활동, 영상 등도 예전보다 많이 사용한다.

예술은 '의미의 육화'(embodying meaning)라고 하는 의미 전달 형태를 가지고 있다.[104] 언어로 가르치는 교육방식에서 언어는 전달하고자 하는 의미를 지시하지만, 예술적 언어에서는 언어의 형태 그 자체가 의미를 담고 있다. 이 말은, 노래의 멜로디가 그 가사와 따로 분리하여 존재하지 않고 둘이 하나의 형태가 되어 전달되는 것과 같다. 비록 교육의 내용을 가사로 만들어 학습자에게 잘 전달하려고 멜로디를 사용하지만, 멜로디와 가사는 따로 분리되는 것이 아니라 가사가 녹아서 멜로디 속에 스며들어 있다. 이것이 의미가 육화된다는 것이다.

따라서 예술작품의 언어는 언어 자체가 의미를 품고 있어서 언어

---

[104] 양금희, 『이야기·예술·기독교교육』, p. 169.

와 의미는 서로 분리할 수 없다. 이렇게 예술적 언어는 그 자체에 의미가 육화되어 녹아 있으면서 단순히 언어가 지시하는 의미만을 전달해 주는 것이 아니라, 또 다른 무엇을 재창조하여 전달된다. 이때 학습자의 상상력이 동원되면서 본래 언어의 의미와 예술적 형태가 하나 되어 새로운 의미를 창출하면서 가르침이 일어나는데, 이것을 '상상적 재구성'(imaginatively)이라고 한다. 이러한 재구성은 교수-학습의 현장에서 수없이 일어난다.

"여호와는 나의 목자시니 내게 부족함이 없으리로다 그가 나를 푸른 풀밭에 누이시며 쉴 만한 물가로 인도하시는도다"라는 시편 23편 1-2절 말씀을 들을 때, '푸른 풀밭과 쉴 만한 물가'를 실제로 알프스의 푸른 초장이나 평화로운 산속의 물가로 이해하기보다는, 목자가 양들을 푸른 풀밭과 쉴 만한 물가로 인도하여 잘 먹이고 잘 자라게 하는 것처럼, 하나님께서 우리를 그렇게 돌보시고 양들의 목자같이 지켜 주시고 인도해 주신다는 뜻으로 받아들인다. 이런 인식의 과정에서 사용하는 상상력이라는 능력은, 말씀이 가진 의미를 더 깊이 이해하게 하면서 새로운 의미를 창조하여 학습자에게 재구성해 준다.

그러므로 예술적 가르침의 방법은, 예술을 감상하는 학습자에게 육화된 의미의 재현을 통해서 세계와 직접 얼굴과 얼굴을 마주 대하여(face to face) 만나고 경험하게 하는 통로가 된다. 이것이 예술적 경험이 갖는 특징이다.

가르침과 상상력

　지금까지 신학에서 상상력은 큰 주목을 받지 못했는데, 그 이유는 사람들이 믿음의 기준이 되어야 할 교리 체계가 상상이 만들어 낸 환상에 의해 와해되지는 않을까 우려했기 때문이다. 우리의 신앙은 하나님의 계시의 말씀에 의한 것인데, 인간이 공상 속에서 신앙의 대상을 만들어 낼지도 모른다는 위험성도 제기되었다. 하지만 상상력이 예술과 뗄 수 없는 관련이 있고, 현상 이면에 있는 존재의 깊은 곳까지 나아가게 하고, 사실 여부로만 따질 수 없는 의미들을 찾아내는 것은 상상력이 없이는 불가능하기 때문이다. 이에 신앙교육과 신앙생활에서 상상력의 역할이 중요하다는 주장이 힘을 얻는다.[105]

　칸트는 상상력 개념이 매우 다면적이고 복잡하여 그것이 단지 예술과 관련되어 있다고 할 수는 없으나, 상상력의 여러 기능 중 '창조적 상상력'의 기능을 법칙에 지배되지 않는 자유로운 활동으로 간주한다. 이를 통하여 우리의 경험 안에 새로운 구조가 획득되고, 새로

---

105) 김진혁, '신학과 예술의 만남', 예술목회연구원 편, 『예술신학 톺아보기』, p. 153.

운 의미를 생성하는 역할을 하는 것으로 보았다.[106]

그래서 상상력은 우리가 직접적인 경험으로 접근할 수 없는 것을 이미지화하여 드러나게 하면서, "그 자체로서 현존하지 않는 대상을 직관 속에서 표상하는 기능"이라고 하였다. 보이지 않는 것을 표상하고 이미지화 하는 기능을 통해서, 상상력은 인간으로 하여금 초월적 하나님을 이해하고 느끼고 그와 관계하게 하는 통로가 될 수 있는 것이다.[107]

그렇다면 어떻게 상상력이 보이지 않는 초월적 하나님을 유한한 인간이 이해하고 느끼고 관계할 수 있게 하는가? 상상력은 인간이 기존에 가지고 있던 사고의 틀과 한계를 넘어서, 더 높고 넓은 차원으로 사고를 확장하고 새로운 안목을 형성하게 하는 도약의 기능을 수행한다.[108] 그러면서 상상력은 유한한 인간과 무한한 하나님이 역설적으로 만날 수 있는 장이 되도록 한다. 이 과정에서 사고의 통합과정이 일어난다. 이외에도 상상력의 기능은, 우리가 예술적 작품을 접했을 때 감탄과 경이를 일으키고 감성적 사고에 관여하면서, 동시에 이를 바탕으로 우리의 이성에도 의미 추구를 일으키면서 이 둘을 연결시키고 통합시킨다. 이런 상상력의 기능은 초월적인 하나님을 이해하고 그와 감정적, 인지적, 역사적, 사회적, 심리적 등 다차원적 앎의 조건을 통합하여 하나님과 관계를 맺게 하는 통로의 역할을 한다고 할 수 있다.[109]

마리아 해리스도 가르침에서 상상력은 꼭 필요한 능력임을 강조

---

106) 양금희, 『이야기·예술·기독교교육』, p. 174.
107) 양금희, 『이야기·예술·기독교교육』, p. 176.
108) 양금희, 『이야기·예술·기독교교육』, p. 176.
109) 양금희, 『이야기·예술·기독교교육』, p. 181.

한다. 그는 "가르침은 종교적 상상력(religious imagination)의 행위"[110]라고 하였다. 가르침을 통한 변화의 과정에서 순차적으로 변화가 발생하는 것은 아니다. 어느 순간 깨달음이 오는데, 그것이 바로 '아하! 순간'(aha moment)이다. 이것은 이성이 아니라 상상력에 의한 것이다. 그렇기 때문에 신앙적인 삶의 변화에 있어서 이성과 아울러 상상력이 아주 중요하다. 그러므로 가르침은 변화의 과정에서 상상력에 의존하고 힘을 입는다.

---

110) 마리아 해리스, 김도일 역, 『가르침과 종교적 상상력』, p. 44.

가르침과 상징

상상력과 더불어 중요한 기독교교육의 방법은 상징을 사용하는 것이다. 상징 사용은 현대 기독교교육에서 아주 중요하다. 언어로 표현하고 설명할 수 없는 깊은 종교적 경험을 상징은 이미지를 통해서 가능하게 한다.

어느 주일날, 릴리안(Lillian) 집사가 울면서 찾아왔다. 왜 그렇게 슬피 우느냐고 물으니 그는 이렇게 대답했다. "나는 주일에 예배당에 들어서면 정면으로 보이는 십자가와 아래 성찬대에 놓여 있는 촛불을 보고 은혜를 받습니다. 십자가와 촛불을 보는 순간, 나는 그리스도를 생각하고 그분의 은혜 속에 잠기는 것을 느낍니다. 그런데 오늘 아침 교회당에 들어서는데 촛불이 보이지 않았습니다. 촛불이 어디 갔을까요?"

그에게 십자가와 촛불은 그리스도의 은혜에로 나아가는 상징이었다. 그에게 십자가는 더 이상 죄인들이 형벌을 받는 형벌의 도구가 아닌 하나님의 은혜로 나아가는 그리스도의 은혜를 상징한다. 그리고 촛불은 그냥 어둠을 밝히는 물질적인 의미를 넘어서, 그리스도의 희생과 이 세상의 빛이 되신 주님의 힘을 상징한다.

우리는 상징을 신앙교육에 있어서 중요한 커뮤니케이션의 방편으로 사용할 수 있으며, 신앙교육에 있어서 중요한 측면이라고 할 수 있는 참여, 공동체, 인격적 만남 등을 촉진시키는 수단으로 사용할 수 있다.[111]

리처드 오스머는 그의 『기독교 교수 방법론』에서 신앙을 입방체로 표현하면서, 신앙에는 한 측면만이 있는 것이 아니라 여러 측면이 존재한다고 말한다. 그는 신앙의 많은 측면 중에서 네 가지 측면을 이야기하는데, 그 네 가지 측면의 신앙을 가르치는 디다케 역시도 여러 방법들을 사용해야 한다고 말한다. 그는 그 네 가지 차원의 신앙교육 방법으로 신념, 관계, 헌신, 신비를 이야기하는데, 그중에서 신비의 차원에 속하는 신앙교육에서 상징의 중요성을 말한다. 그에 의하면, 우리는 하나님에 대하여 아는 것에 한계를 갖는다. 그래서 "신앙의 핵심은 하나님의 타자성(otherness)을 인정하는 것이다"라고 한다. 이 말의 의미는 우리가 하나님에 대하여 모든 것을 알 수 없기 때문에, 하나님에 대한 지식의 한계를 수용하고, 하나님에 대한 지식을 신비의 영역까지 확대시키려는 수고를 버려야 한다는 것이다. 이러한 하나님의 신비로운 부분은 상당 부분 상징을 통하여 파악하고 경험할 수 있다.

'상징'은 어떤 것이 갖는 의미들 가운데 문자 그대로의 일차적 의미 외에 이차적 의미를 지칭한다. 예를 들면, 펜은 일차적 의미로는 필기도구의 하나이지만, 이차적 의미로는 학문이나 학자의 의미

---

111) 장신근, 『창조적 교회교육 네비게이션』, p. 93.

를 갖고 있다. 그래서 우리는 펜을 학문이나 학자의 상징으로 사용한다.

상징(symbol)은 그리스어 동사 '심발레인'에서 파생한 단어이다. 심발레인은 '함께'란 뜻의 접두어 '심'에 '던지다'란 뜻의 동사 '발레인'이 결합된 형태로서, 분리되어 있던 것을 함께 '결합시키다', 나뉘어 있던 '짝을 맞추다', '하나 되게 하다'란 의미를 갖는다.[112] 이미지를 강조하는 포스트모던 시대에, 여러 차원에서 효과적으로 상징을 사용하면, 상징은 언어를 통한 가르침보다 더 효율적으로 신앙의 내용을 다차원적으로 교육하는 강력한 수단이 된다.[113]

상징은 근대 이후 이성 중심, 인간 중심의 분위기 속에서 외면당했던, 구체적이고 가시적인 지각 능력과 종교(신앙)의 초월적 세계 경험의 회복을 통해, 이른바 통전적 인식에 이르고자 하는 목적에서 기독교교육의 주목을 받기 시작했다.[114]

상징에는 교통신호등과 같이 약속과 합의를 통해 만들어진 것도 있고, 저마다의 경험과 체험을 통해서 이루어진 상징도 있다. 성경에도 수많은 상징이 나타나는데, 그 상징들은 체험과 스토리가 축적되고 서로에게 이야기하고 고백하는 과정을 통해, 기독교 공동체 전체가 공유하면서 상징이 되었다. 그래서 우리는 이 상징을 통해 신앙의 초월적 의미에 접근하고 경험하고 느낄 수 있는 것이다. 십자가, 빈 무덤, 백합 등 성경의 많은 상징들은 이제 더 이상 일차적이고 세속적인 의미로 우리에게 다가오지 않고, 예수 그리스도의 고난, 죽음, 부활이라는 이차적이고 신앙적인 의미로 우리에게 다가온다. 그

---

112) 고원석, 『현대 기독교교육 방법론』(서울: 장로회신학대학출판부, 2018), p. 311.
113) 장신근, 『창조적 교회교육 네비게이션』, p. 94.
114) 고원석, 『현대기독교교육 방법론』, p. 311.

러므로 상징은 세속적이고 가시적인 세계와 초월적이고 비가시적인 세계를 연결하고 결합시키는 가교가 된다.

그룹 토의

1. 4차 산업혁명 시대가 도래하였다. 여러분은 이 시대에 적합한 디다케의 형태들에 대하여 토의해 보라. 상상력과 이미지, 상징 등에 대한 의견을 나누면서, 새로운 형태의 디다케를 위한 방법들을 찾아보라.

2. 교리는 교회 공동체의 공동 신앙과 신념을 요약한 것이다. 그래서 교회의 교리 교육은 개인의 신앙 성장과 공동체의 신앙정체성을 확립하기 위해서 반드시 필요하다. 교리 교육의 현대적 해석과 적용에 대하여 논의해 보라.

3. 오늘날 세상에서 일어나는 많은 일들에 대하여, 교회는 우리가 그리스도인으로서의 신앙적인 관점을 갖기에 충분한 신앙적인 해석을 제공해 주고 있는가? 교회는 성도들에게 구체적인 실천 사항도 교육하는가?

교회
교육
실천

케리그마
신앙 공동체를 위한 이론과 실천

"그 말을 받은 사람들은"(행 2:41)

말씀의 생명력에 대한 확신

초대교회에는 하나님의 살아 있는 말씀이 선포되었다. 이것을 '케리그마'(Kerygma, 롬 10:17,16:25; 고전 2:4; 골 3:16)라고 한다. 초대교회의 그리스도인들은 '사도들의 가르침'대로 살았다. 그 말씀들의 핵심은 '예수 그리스도의 고난과 십자가, 죽음과 부활'이었다. 이것을 복음이라고 한다. 이 복음은 엄청난 힘을 가지고 있다. 그 힘은 바로 사람들을 변화시키는 생명력이다. 사도행전 2-13장에 나오는 사도들의 설교는 많은 사람들을 예수 그리스도에게로 인도했으며, 그들을 죄에서 돌이켰고, 구원을 얻고 새롭게 거듭나게 하는 힘있는 말씀이었다. 초대교회가 거룩한 교회인 까닭은 그 안에 복음의 생명력이 살아 있었기 때문이다. 이사야서 55장 10-11절 말씀처럼, 초대교회는 사도들이 말씀을 전할 때마다 능력이 나타났다.

"이는 비와 눈이 하늘로부터 내려서 그리로 되돌아가지 아니하고 땅을 적셔서 소출이 나게 하며 싹이 나게 하여 파종하는 자에게는 종자를 주며 먹는 자에게는 양식을 줌과 같이 내 입에서 나가는 말도 이와 같이 헛되이 내게로 되돌아오지 아니하고 나의 기뻐하는 뜻을 이루며 내가 보낸 일에 형통함이니라."

그래서 그들은 하나님이 지금 여기 우리와 함께하시며 앞으로도 영원히 함께하실 것을 신뢰했고, 그 말씀의 약속을 믿음으로 이 땅에서 살면서 구원, 평화, 긍휼, 용서, 사랑, 정의를 실천할 수 있는 힘과 생명력을 갖고 살 수 있었다.

그렇다면 어떻게 이 시대에도 이런 말씀의 생명력이 교회 공동체 속에서 계속해서 살아 있게 하고 역사하게 할 수 있을 것인가? 어떻게 하면, 신앙 공동체가 거룩한 공동체로서 존재하게 할 것인가? 그 방법은 하나님의 말씀의 능력을 믿고 신뢰하는 것이다. 그러나 인간은 연약하기 때문에 믿음과 신뢰를 계속 유지하기 어렵다. 그래서 경건의 훈련이 필요하다. 경건이란 성령을 통하여 자신이 죄인임을 깨닫고, 자신은 부족하기 때문에 하나님의 은혜를 받지 않고는 새롭게 변화될 수 없으므로 하나님의 은혜를 간절히 기다리는 열망을 갖는 것이다. 하나님의 은혜가 있어야 거룩한 백성으로 살 수 있다고 겸손히 하나님께 자신을 열고 나아가는 것을 의미한다.

인간은 유한하고 실재하는 죄로 인해 언제나 왜곡될 수밖에 없으므로, 그래서 끊임없이 하나님의 선하시고 의로우신 뜻이 무엇인가를 찾기 위해 온 힘을 기울이는 것이다. 이것이 경건의 모습이며, 하나님의 말씀의 생명력에 대한 믿음을 유지하는 길이다. 초대교회와 같은 거룩한 교회가 되는 길은, 우리의 부족함을 인정하면서 겸손히 하나님께 나아가 그의 은혜를 간구하며 그의 뜻을 알기를 열망하는 것이라고 할 수 있다.

케리그마의 의미, 생명의 능력, 초월성은, 하나님이 지금 여기 우리와 함께하시며, 영원히 함께하실 것을 우리로 하여금 신뢰하게 한다. 케리그마는 우리에게 평화, 긍휼, 용서, 사랑, 정의를 실천할 수 있는 힘을 주어 우리 삶에서 성육하는 삶을 살도록 요구한다.

케리그마의 형태

성서

성서란 무엇인가?

뉴욕신학교(New York Theological Seminary)에서 가르칠 때의 일이다. 한 나이 드신 침례교인 한 분은 성경 학습에 상당한 어려움을 겪었다. 그분은 성경을 성경이 보여주는 대로 읽으려 하지 않는다. 그분은 교회에서 배운 자신만의 독특한 렌즈를 통해서 언제나 성경을 보려고 하였다. 그래서 신학교에서 가르치는 것을 받아들이려 하지 않았다. 기독교교육의 출발은 신학에서 시작되고 가장 기본적으로는 성경을 어떻게 이해하느냐에 달려 있는데, 그분은 예전부터 자신이 갖고 있는 선입견으로 성경 본문을 읽으려고만 하니 새로운 학습이 이루어지지 않았다. 성경을 바르게 읽기 위해서는, 성경이 무엇인지 다시 배우고 이해할 필요가 있다.

귀납적으로 성경 읽기

「○○○이 좋아요」라는 어린이 큐티 교재를 2년 동안 집필한 적이 있다. 그 출판사는 내게 정해진 본문을 5절씩 나누어 매일매일 어린이들의 큐티 교재를 써 달라고 요청했다. 5절씩 나누어 정한 본문들은 내게 익숙한 본문도 있지만, 생소하고 아무리 읽어도 어떤 메시지를 주어 어린이들로 하여금 큐티를 하게 할 것인지 정하기 어려운 본문도 많았다. 원고 마감일이 다 되어 가는데도 어떤 본문은 읽고 또 읽고 해도 메시지가 생각나지 않았다. 그럴 때 내가 사용한 것은, 기도하면서 그 본문을 읽고 또 읽고, 묵상하고 또 묵상하고, 다시 기도하고 또 읽고 생각하고 묵상하는 일이었다. 그런데 놀랍게도 어느 순간 영감이 떠오른다. 성령께서 내 눈을 열어 그 본문에서 놀라운 말씀과 메시지를 보도록 하셨다.

그렇다! 성경을 샅샅이 읽고 또 읽고 묵상하고 또 묵상하면서 기도할 때, 어느 순간 하나님은 내 눈을 열어 하나님의 살아 계신 신비로운 말씀을 보도록 인도하셨다. 그 비결은 성경이 보여주는 대로 꼼꼼히 살펴보면서, 하나님께서 내게 메시지를 주실 때까지 결코 포기하지 않고 읽는 것이다.

많은 목회자와 신학생들은 의외로 성경을 있는 그대로 읽는 데 익숙하지 않다. 대다수는 이미 알고 있는 관점을 가지고 본문을 읽어 나간다. 그러다 보면 여전히 알고 있는 것만 확인하는 방식으로 성경을 읽는다. 때로는 성경에 없는 내용을 자기 마음대로 덧붙이기도 하고, 성경에 명확하게 쓰여 있는데도 제대로 꼼꼼하게 읽지 않고 대충 안다고 생각하고 읽음으로써 중요한 부분을 놓치는 경우가 허다하다. 이것을 극복하는 성경 읽기 방법 가운데 하나가 '귀납법적 성경 읽기'이다. 귀납법적 성경 읽기는 귀납법, 즉 자료들을 모아서 결론을 내리는 방식으로 성경을 읽는 것이다. 귀납법적 성경 읽기는 관찰(전체 관찰, 부분 관찰, 세부 관찰)로 시작해서 해석하고 적용하는 단계로 나아간다.

학생들과 한 본문을 가지고 귀납적으로 읽고 본문에서 메시지를 도출하여 성경 교재를 만들어 보았다. 누가복음 15장의 '탕자의 비유'를 읽는데, 대다수 학생들이 처음에는 자신들이 과거에 들은 설교를 바탕으로 그 본문을 읽는 것이었다. 그러나 귀납적 성경 읽기는 자신이 과거에 그 본문에 대하여 어떤 메시지를 들었던지 상관없이, 지금 그 본문을 처음 대한 것처럼 읽는 훈련이다. 학생들에게 그 본문을 처음 대하는 것처럼 선입견을 갖지 않고 읽게 했더니, 여러 차례 본문을 읽은 다음 학생들은 놀랍다는 반응을 보였다. 그런 읽기를 통해서 전혀 새로운 것을 본문에서 찾을 수 있었기 때문이다. 대다수 학생들이 "우리가 이 본문에서 이런 메시지를 찾을 수 있다니!"라고 하면서 자신들을 대견스럽게 여겼다.

신학

신학대학교 시절에 많은 목사님들이 학교 채플에 와서 설교를 하셨다. 그중에 몇몇 목사님들은 우리 신학생들에게 서슴없이 이렇게 막말을 했다. "신학 공부 하지 마세요. 목회하는 데 신학이 무슨 필요가 있어요? 신학교에서 공부 잘한 학생이 목회를 잘하는 것을 본 적이 없어요."

지금 생각해 봐도 참 어처구니가 없는 설교이다. 신학은 하나님에 대한 학문이다. 하나님은 너무 크고 위대하신 분이므로 그분을 다 이해하는 것은 인간으로서는 불가능하다. 그러나 우리가 할 수 있는 만큼 최선을 다하여 그분의 뜻을 깨닫고, 그 뜻을 바르게 교회 공동체와 세상에 선포하는 일은 신학자들과 목회자들의 귀한 의무이며 책임이다.

신학은 교회의 인도자

신학은 목회에 반드시 필요하다. 신학은 교회의 길잡이이다. 신학은 교회로 하여금 이 시대에 하나님의 말씀을 바르게 선포하고, 행동하고, 실천하도록 교회를 이끌어 준다. 성서신학자들은 오늘날 시대에 맞는 성서 해석을 하도록 도와야 하고, 교리신학자들은 과거의 기독교 교리를 오늘날 어떻게 가르치고 확립하면서 기독교의 정체성을 유지할 것인가를 고민하며 교회를 이끌어 주어야 한다. 예배학자들은 교회가 행해야 할 올바른 예배모범을 제시하고 이끌어 주어야 한다. 이런 신학자들이 연구해서 내놓은 신학의 결과물들을 목회자들이 필요 없다고 하면 안 된다. 목회자는 이들의 도움을 받아 바르게 성서 본문을 해석하고 선포하여, 교회 공동체가 하나님의 뜻을 깨닫고 실천하도록 지도해야 하기 때문이다.

신학적 탐구

신학교에 처음 입학한 1학년 때에 어느 성서학 교수님이 우리에게 큰 교훈을 하나 주셨다. 그분은 "너희들이 지금까지 교회에서 배운 것을 다 깨버려라. 작은 달걀만한 너희들의 신앙이 전부라고 여기지 말고, 여기 신학교에서 다시 새롭게 만들어 가라. 이전 것만 고집하고 신학교에서 가르치는 것이 틀렸다고 말하는 학생들은 발전하지 못한다."

신학생들은 신학을 제대로 공부하고 탐구해야 한다. 자칭 보수주의자인 어떤 학생들은 그들이 알지 못하는 신학에 대하여 충분히 공부하지 않고, 무조건 "그건 자유주의 신학이야"라고 말하면서 자기들의 신앙 속에서 받아들이기 어려운 부분들을 무시해 버린다. 또 이런 말도 자주한다. "그건 인본주의야." 과연 그 말을 하는 신학생들이나 목회자들이 '인본주의'라는 말이 무슨 의미이며, 그 사상을 제대로 이해하고 그 용어를 사용하는지 묻고 싶다.

어느 신학이건 그 신학은 시대적 산물이다. 그 신학을 전개하는 학자들이 왜 그렇게 주장했고, 왜 그렇게 생각했는지 알려고 해야 한다. 그런 다음 비판하거나 수용해야 한다. 지금이 포스트모던 시대인데도 불구하고, 포스트모던 신학은 기존의 모든 교회의 전통이나 신학을 파괴하는(destroy) 것으로 알고 있는 신학생들이 많다. 적어도 '해체'(deconstruction)와 '재구성'(reconstruction)이라는 이 시대의 가장 중요한 개념이라도 이해하면서, 제대로 된 신학적 탐구를 하고 난 후에 비판과 수용을 결정해야 한다.

공부하지 않고 신학을 제대로 이해하지 않고 무조건 비판하거나 무조건 수용하는 태도는 좋지 않다. 이런 태도로 교회의 지도자가 되고 하나님의 말씀을 해석하여 교회 공동체에 선포하면, 그들은 교회를 '신앙 공동체'로 세우는 일에 실패할 것이다.

설교

릴리(Lily)는 매 주일 설교를 마치고 나면 언제나 나에게 이렇게 말한다. "목사님의 설교를 들을 때마다 하나님께서 나에게 영적으로 임하심을 느낍니다." 그는 설교를 통하여 하나님께서 자신의 마음의 고통과 어려움을 위로하시고 살피시고 함께하신다고 고백한다.

설교는 케리그마의 한 형태이다. 교회 공동체에서 매 주일 선포되는 말씀은 어떠한 기준이나 표준이 없이 주먹구구로 선포되거나 편향적이어서는 안 된다. 매 주일 선포되는 말씀을 그 교회 공동체는 하나님의 말씀으로 받아들이고, 한 주간 그들이 살아가야 할 귀한 삶의 표준과 기준으로 삼기 때문이다. 교회의 케리그마는 그날에 들려주시고자 하는 하나님 말씀의 선포이기 때문에, 그 케리그마를 선포하는 목회자는 기도와 말씀 연구, 그리고 교회 공동체의 상황까지를 고려하여 말씀을 준비해서, 체계적인 설교를 하고 실천할 수 있는 말씀을 선포하도록 힘써야 한다.

설교자의 자세

설교란 무엇인가? 하나님의 말씀을 전하는 것이다. 하나님이 하시고자 하는 말씀을 설교자를 통해서 하시는 것이다. 그러므로 설교자는 하나님의 말씀을 받아 성도들에게 전하는 사람이다. 그렇다면 설교자들은 어떻게 설교를 준비하고 전해야 하는가? 설교자는 두려움과 성실함으로 설교를 준비해야 한다. 매 주일 많은 양의 설교를 준비해야 하기에, 모든 설교를 성실하게 준비하는 것은 쉬운 일이 아니다. 그러나 설교자는 무엇보다도 하나님의 말씀을 들려주는 데 성실해야 한다.

어느 교인이 이렇게 하소연한다. "목사님, 나는 교회에 나와 예배드리는 이유가 하나님의 말씀을 듣기 원해서입니다. 세상 이야기나 정치 이야기, 예화도 좋지만, 저는 하나님의 말씀을 듣고 싶어요."

성도들이 교회에 나와 예배드리는 가장 큰 이유는 하나님의 말씀을 듣기 원해서이다. 세상 속에서 하나님의 뜻을 이루려 하다 보면 세상 돌아가는 이야기, 정치 이야기를 해야 할 때도 있다. 또 좋은 예화를 들려주면서 마음 문을 열고, 하나님의 말씀 속으로 들어가게 할 수 있다. 그러나 설교는 이런 것들이 중심이 되어서는 안 된다. 설교는 하나님의 말씀을 읽고, 그 말씀을 해석하여 성도들이 깨닫고 살도록 돕는 일이 되어야 한다. 하나님의 말씀은 세상이야기나 예화보다도 더 힘이 있고 생명력이 있다.

설교 본문 정하기

목사가 설교를 하려 할 때 가장 먼저 하는 일은 본문 말씀을 정하는 일이다. 그러나 어느 본문 말씀으로 설교를 할 것인지 결정하는 일은 간단하지 않다.

교회에서 교육전도사를 하고 있는 학생들에게 물었다. "매 주일 설교 본문은 어떻게 정합니까?" 대다수 학생은 설교 계획을 갖고 있지 않았다. 매주 그때마다 떠오르는 생각이나 일어난

일들에 따라 정한다고 대답했다.

1년 동안 매 주일 많은 설교를 감당해야 하는 목사와 전도사들은 설교 본문을 분기별, 연별로 정해서 계획적으로 하는 것이 좋다. 그런데 미리 설교를 위한 본문을 정해 놓으면, 그때마다 발생하는 교회의 상황에 제대로 대처하는 말씀을 전하지 못한다고 생각하는 목회자들도 많다. 하지만 설교를 위한 본문에 대한 계획을 갖지 않으면, 매주 하는 설교에 대하여 부담이 되고 또 준비도 제대로 할 수 없다. 이런 설교자들의 고민을 해결해 줄 수 있는 것이 '성서정과'이다. 성서정과는 교회력에 따라 매 주일 성경 본문을 정해서 만들어 놓은 것이다.

개정 공동 성서정과(The Revised Common Lectionary)[115] 사용과 유익

설교 본문을 선정해서 계획적인 설교를 하도록 만들어 놓은 성서정과(lectionary)는 '독서집'(lectionary)이라고도 한다. 이 말은 라틴어의 'Lectio'(reading. 독서)에서 온 말이다. 성서정과는 공적인 예배에서 회중들에게 낭독하기 위해 성서로부터 정선한 부분들을 질서 있게 정리한 성구집이다. 그래서 성서정과를 '교회력에 수록되어 있는 다양한 날들과 관련 있는 성경 구절의 목록' 또는 '하나님의 백성들이 예배드릴 때에 말씀 선포를 위하여 정리되고 의도된 성경 말씀의 목

---

115) 이것은 1983년에 만들어진 '공동 성서정과'(Common Lectionary)를 1992년에 개정한 것이다. 과거에는 '성서일과'라는 용어를 썼으나 최근 들어서 '일과'라는 말이 '매일'의 의미로 이해되어 교회력의 주기를 제대로 의미하지 못하는 것으로 보이므로 '성서정과'라는 용어로 사용하기 시작했다. 장신근, 『창조적 교회교육 네비게이션』, p. 29.

록'이라고 말한다. [116]

교회력은 예수님의 생애를 중심으로 여러 가지 절기들로 나누는데, 대표적인 절기가 대림절(Advent), 성탄절(Christmas), 사순절(Lent), 성주간(Holy Week), 부활절(Easter), 연중주일(Season after), 성령강림절(Pentecost) 등이다. 목회자들에게 가장 힘든 설교는 절기 설교일 것이다. 설교자들이 해마다 같은 시기에 찾아오는 교회의 절기들에 알맞은 본문을 찾아 설교하는 것은 매우 힘들다. 그러나 성서정과는 교회력 절기에 맞추어 성서 말씀을 정해 놓았기 때문에, 많은 사람이 개인적인 말씀 읽기와 연구, 설교 준비 등에 효과적으로 사용해 왔다. 성서정과는 매 주일 선포되는 케리그마의 소중한 자원으로 활용될 수 있으므로 목회자들은 이것을 잘 활용하면 좋다.

매 주일 그때마다 생각나고 필요한 대로 설교 본문을 정하는 것은, 유동성이 있고 교회 공동체의 당면한 필요를 채워 주기 위해서는 유익한 점이 있다. 그러나 설교가 연속적이 되지 못하고 성경의 텍스트를 자신이 원하는 일에 인용하는 증빙자료로 사용하는 실수를 할 수 있다. 그러나 성서정과를 사용한다면, 설교자들이 매 주일 설교를 연속적으로 하고, 주관적이 될 위험을 막아 주며, 성경적이고 신학적으로 바른 성서 해석을 하도록 하여 하나님이 말씀하시는 것을 듣고 설교를 작성하는 훈련을 하는 데 매우 유익하다. 게다가 부활절이나 성탄절 같은 교회의 특별 절기의 의미를 더 살릴 수 있으며, 전체 목회 사역이 체계적이 되도록 해주는 장점들이 있다.

또한 한국 교회가 가장 약한 부분이라고 할 수 있는 교회 안에서 세대 간의 일치와 공동체성, 다른 교회들과의 연합과 일치를 말씀으로 이루는 기회가 된다. 그리고 함께 성서정과를 사용하는 목회자

---

116) 장신근, 『창조적 교회교육 네비게이션』, p. 29.

들과 성경 본문을 함께 연구하고 토론하여 더 깊은 성경공부를 할 수도 있다.

미국 뉴욕의 목회자들은 매주 목요일마다 뉴욕의 유니온 신학교에서 목회자들을 위한 무상 강의를 듣고 활용한다. 한국 교회에도 성서정과에 따라 본문을 해석해서 설교의 메시지를 이끌어 내도록 연구해 놓은 책들이 많이 있다. 이런 것들을 활용하여 본문을 해석하는 데 도움을 받으면 큰 도움이 된다.

많은 목회자가 성경 본문을 충분히 연구하여 해석하는 작업을 하는 것을 어려워한다. 쉬운 과정은 아니다. 습관이 되지 않은 목회자는 책상에 오래 앉아 본문을 연구하고 해석하고 메시지를 도출하는 일이 어렵다고 느낀다. 그러나 평생 말씀을 전해야 하는 사명을 가진 자라면, 어렵더라도 이 일을 시작해야만 한다.

성서정과는 모두 3년으로 되어 있다. 그 3년은 각각 가 해(Year A Readings, 마태복음의 해), 나 해(Year B Readings, 마가복음의 해), 다 해(Year C Readings, 누가복음의 해)로 나누어, 각 해마다 다른 내용의 본문들을 사용하도록 했다. 또한 성서 말씀을 구약성서, 시편, 서신서, 복음서에서 뽑아 제시하고 있기에, 한쪽으로 치우치지 않고 성경을 전체적으로 설교할 수 있는 유익이 있다.

좋은 성서 번역본 사용하기

한글판 성경으로 열심히 성경을 읽고 묵상하여 설교 원고를 다 작성한 후에, 그래도 다른 번역본에는 이 본문이 어떻게 번역되었고 어떤 뜻으로 사용했는지 확인하려고 영어 번역본을 읽었다. 그런데 영어 번역은 한글 번역과 아주 달랐다. 내가 중요하다고 생각하여 선택한 그 단어가 영어 번역에서는 찾아볼 수 없었고, 해석도 많은 부분이 달랐다. 그래서 히브리어 원어를 영어로 번역한 성경을 읽어 보았다. 그 결과 한글 번역보다 영어 번역본 성경이 훨씬 원문에 가깝다는 것을 알았다. 설교를 다 작성했는데 어떻게 할 것인가?

이런 실수를 하지 않으려면, 설교 준비 단계에서 적어도 몇 가지 번역본을 읽어서 그 본문의 의미를 바르게 이해해야 한다. 좋은 번역본 성경을 세 개 이상 읽고 설교를 작성하는 것은 설교자의 기본이다.

설교 원고 작성

> 어느 교회 목사님은 자랑스럽게 이렇게 말한다. "나는 설교 원고를 쓰지 않아요. 설교단에 올라가면 하나님께서 물 붓듯이 말씀을 주시는데, 2시간이고 3시간이고 설교를 해요."

설교 원고를 쓰는 것이 좋은가, 아니면 쓰지 않는 것이 더 좋은가? 설교자들은 이 고민을 많이 할 것이다. 설교할 때 원고를 보고 읽듯이 설교하든, 아니면 원고 없이 요약 원고만 가지고 설교를 하든, 그 방법은 각자 설교자가 편한 대로 할 수 있다. 그러나 원고 없이 설교한다고 해도, 성경 본문에 대한 연구나 충실한 묵상의 과정을 거쳐서 메시지를 얻지 않으면 안 된다. 내가 아는 은퇴 목사님은 40년 동안 목회하시면서, 설교 원고를 쓰지 않고 설교한 적이 한 주도 없다. 은퇴가 가까운 때에도 설교 원고를 작성하셨다. 단 한 마디, 한 단어를 선포해도 준비되지 않고 적절하지 않은 말을 하지 않겠다는 의지가 담겨 있다.

어느 교회 성도들은 목사님이 원고 설교하는 것을 싫어한다고 한다. 너무 딱딱하고 능숙해 보이지 않는다고 한다. 물론 전달 방식에 따라 원고 설교는 능숙해 보이지 않고 서툴게 설교하는 설교가로 보일 수 있다. 그러나 어느 교회 성도들은 원고 설교를 하는 목사님을 매우 신뢰한다. 목사님이 성실하게 준비한 설교를 한다고 받아들인다. 설교 원고를 준비하는 것은 매우 중요하다. 나는 설교를 다 작성한 후에 주일 아침에 다시 읽고 수정한다. 혹시라도 어느 한 단어에서 성도들이 시험에 들지 않을까, 이 말씀을 표현하는 더 좋고 적절한 단어가 없을까 등등을 고민하며 신중하게 원고를 한 번 더 수정하는 단계를 거친다. 간혹 학생들이 제출하는 보고서를 보면 오타가 많다. 교수에게 제출하는 보고서라 그럴 수 있다고 생각하면서도, 이들이 교회에 가서 설교 원고를 쓰면서 이렇게 잘못된 단어나 오타가 많으면 어쩌나 걱정이 될 때가 있다. 설교 원고는 꼭 쓰는 것이 좋고, 여러 번 수정하여 바른 단어와 표현을 찾아내야 한다.

설교 한 편의 가치

내가 속했던 미국 노회가 내 월급을 책정할 때 일이다. 그들은 나에게 '한 편의 설교를 작성하는 데 몇 시간을 준비하느냐?'고 물었다. 설교 본문을 정하고 그 말씀을 연구하고 묵상하고 설교 원고로 작성하는 시간까지 10시간 이상 걸린다고 하자, 나의 업무 지침(job description)에서 한 번 설교하는 것을 10시간 일한 것으로 계산하여 샐러리를 정했다.

교회의 행사가 있는 주일에 외부에서 설교자를 초청했다. 그 주일은 교회의 큰 행사로 일도 많고 분주했다. 그런데 재정 장로님께서 그달 사례비에서 한 주치를 빼고 계산을 하신다. 이 주일은 설교를 안 했으니 뺀다는 것이다. 물론 목회자의 사역 중 설교는 매우 중요함을 알지만, 설교를 안 하면 일을 아예 하지 않았다고 생각하는 그 장로님을 이해하기 힘들었다. 하지만 설교의 능력과 중요성이 대단하다는 것을 보여준 셈이다. 설교의 능력이나 힘은 10시간의 정성을 들인 것보다 훨씬 값진 것이다.

설교와 함께 사용하는 예전: 예전을 통한 케리그마

이미지를 강조하는 포스트모던 시대에서, 여러 차원의 이미지와 상징의 사용은 언어를 통한 가르침보다 더 효과적으로 신앙의 내용을 다차원적으로 교육하는 좋은 수단이 된다[117]. 교회의 케리그마는 인지적 차원뿐만 아니라 다른 여러 감각(the senses)을 사용할 때 더 효과가 크다. 그러므로 케리그마를 선포할 때에 예전들을 같이 사용한다면, 언어만을 사용하는 것보다 잘 전달할 수 있다. 설교에 사용할 수 있는 예전으로는 가운, 스톨, 강대상과 강대상보, 성찬대와 성찬기, 절기를 나타내는 색깔 초, 배너, 화환, 추리, 그 밖의 성물들을 들 수 있다. 설교자는 설교의 내용만 전달하겠다고 생각하면 안 된다. 목회자가 선포하는 설교와 더불어 이러한 예전들은 함께 전달되고, 분위기를 조성하고, 말씀의 깊이를 더하게 된다. 앞으로 청중들은 설교자들이 케리그마를 선포할 때, 언어나 이성과 논리를 중심으로 하기보다는 공간, 운동, 음악, 대인, 자기 이해, 자연 탐

---

117) 장신근, 『창조적 교회교육 네비게이션』, p. 94.

구 등과 같은 다양한 방법들을 사용할 것을 요청할 것이다.

예를 들어, 사순절 기간에 드리는 예배 시간에, 설교와 같은 청각적 차원의 말씀과 더불어 예전 색상, 사순절 배너 등과 같은 시각적인 차원의 말씀도 함께 이루어지도록 한다면, 훨씬 케리그마 효과를 높일 수 있다. 특히 사순절의 십자가, 성화, 촛불 등은 사순절의 회개와 엄숙하고 경건한 신앙을 일깨워 주는 데 효과적이다.

> 어느 교회는 성령강림절마다 성령의 불길을 상징하는 빨강색과 순결을 상징하는 흰색을 사용한다. 빨강과 흰색으로 가늘게 띠를 만들어 막대기에 붙인다. 그것을 주일에 성도들에게 하나씩 나누어 주고, 성도들은 그 막대기를 흔들면서 힘차게 성령강림절 찬송을 부른다. '성령님이여 지금 우리에게 오셔서 우리에게 새 힘을 주시고 새롭게 하소서.'

이처럼 오늘날의 성도들은 가시적인 것을 통해서 의사소통하기를 원하는 특성을 갖고 있으므로, 예전과 상징들은 케리그마의 생명력을 더 증가시킬 수 있다.

목회자의 가운과 스톨(stole)은 중요하다. 갈수록 가운을 착용하고 설교하는 목회자가 줄어든다. 그러나 목회자의 가운과 스톨은 선포되어지는 말씀과 함께 성도들에게 메시지를 전달하는 효과를 증가시킨다. 원래 가운은 예배를 인도하는 설교자, 성가대, 예배위원들이 입었다. 인간들의 부족하고 악한 모습은 감추고 성스러운 하나님의 은혜만을 힘입어 예배를 드리기 위한 것이다. 나는 개인적으로 예배 때 설교자가 가운을 입는 것을 권한다. 실제 교회 현장에서 목회자의 가운이나 스톨은 성도들에게 강하게 어필되는 영적 상징성을 가지고 있다.

처음 단독 목회한 교회에서 나는 늘 가운과 스톨을 사용했다. 내가 원하는 것이기도 했지만, 교회가 원했다. 목사님은 여성이기 때문에 자칫 성도들에게 권위가 없어 보일 수 있으므로, 가운을 꼭 착용해서 새로 온 신자들이나 기존 성도들에게 목사라는 것을 명확하게 보여줄 필요가 있다고 요구하였기 때문이다. 또 스톨은 교회력에 따라 색깔을 바꾸는데, 색상과 아울러 스톨 위에 새겨진 상징이나 문자들은 교인들에게 큰 영향을 준다. 스톨을 통한 상징적 메시지 전달도 언어로 전달하는 설교만큼 큰 효과가 있다.

교회력과 케리그마

케리그마 실천에서 중요한 것은 교회력의 사용이라고 앞에서 이미 언급했다. 교회력은 교회의 달력이다. 교회력을 사용함으로 교회 시간을 더 의미 있게 만들 수 있다. 교회력은 여러 세기를 통하여 물려받은 그리스도 교회 유산의 일부로서 예배의 주제를 정할 때 표준이 되므로, 교회력에 따라 케리그마를 선포하는 일은 중요하다. 기독교는 초기부터 교회력을 사용했고, 예배와 설교 분야 그리고 기독교교육 영역은 여전히 교회력을 중요시한다.

교회력이 생기게 된 배경은 초대교회이다. 초대교회 교인들은 주의 날을 따로 정하여 그리스도의 부활을 기념하는 예배를 드렸고, 부활절이나 성령강림절 같은 날은 특별하게 기념하면서 그리스도의 생애를 중심으로 순환하는 달력으로 발전하게 되었다.

오늘날 개신교회에서 지키는 교회력은 크게 두 개의 주기가 있다. 첫 번째 주기는 '성탄주기'(Christmas cycle) 또는 '빛의 주기'로서, 대림절, 성탄절, 주현절이 있다. 두 번째 주기는 '부활주기'(Easter cycle) 또는 '생명의 주기'로서, 사순절, 부활절, 오순절 등으로 이루어져 있다. 그리고 이 두 개의 주기 외의 기간은 '비절기 기간'(ordinary time)이라고 한다.[118]

교회력은 예수 그리스도의 생애를 중심으로 만들어졌다. 먼저 주님이 탄생하신 것을 기다리는 대강절과 주님이 태어나신 것을 기억하는 성탄절로 시작한다. 그리고 주님이 공적 사역을 준비하며 행한 40일간의 금식을 기억하며 지내는 사순절이 이어지고, 고난당하시고 십자가 위에서 죽으시고, 그리고 마침내 죽음을 이기고 어둠의 권세를 물리치고 다시 살아나신 것을 기념하는 부활절로 이어진다. 주님이 부활하시고 승천하시면서 성도들에게 약속하신 보혜사 성령이 강림한 성령강림절을 지나면, 성령강림절 후부터 대강절 전까지 비절기 기간인데, 여기에 추수감사절이 삽입되어 교회력의 중요 절기를 이룬다.

우리가 교회력을 따라 신앙생활을 한다는 것은, 하나님께서 창조하신 시간 속에서 그리스도의 사건을 통하여 나타난 삼위일체 하나님의 구원을 기억하고 경축하며, 그 역사에 함께 동참하기 위하여 부르심을 받은 자로 살아가는 것을 뜻한다.[119] 그러므로 교회력은 예수 그리스도와 그의 행적을 중심으로 한 매우 귀중한 예배 형태를 제시하여 주기 때문에, 교회력을 통하여 그리스도인들은 하나님의 구원하시는 계획 중 가장 큰 사건들을 규칙적이고 조직적으로 경험할 수 있는데, 이러한 교회의 큰 사건들을 경험하는 것은 우리의 신앙과 삶에 매우 중요하다.

교회력은 우리가 예수 그리스도에 관한 중요한 사건들을 기억하

---

118) 장신근, 『창조적 교회교육 네비게이션』, pp. 22-23.
119) 장신근, 『창조적 교회교육 네비게이션』, p. 21.

게 하며, 그 사건이 주는 중요한 신앙적인 의미들을 다시 음미하면서, 영적 각성과 영적 새로움을 경험케 하고, 예수 그리스도 사건에 대한 현재적 의미 해석을 할 수 있는 중요한 기회들을 교회에 제공한다.

고대 이스라엘 사람들에게 절기는 매우 중요한 의미를 갖는다. 그들은 자신들만의 절기를 지키면서, 그들의 신앙을 다시 재정립하고 확인하는 기회로 삼는다. 그리고 절기를 지키면서 이스라엘이라는 국가적 공동체의 정체성을 다시 확인하고, 민족적 가치와 신앙을 다음 세대에 전달한다. 유월절에 이스라엘 사람들은 온 가족이 한 식탁에 앉아 유월절을 기념한다. 아버지는 유월절의 유래를 설명하고, 이스라엘 민족이 애굽에서 종살이하면서 고통을 당하고 있을 때, 하나님이 역사하셔서 이스라엘 민족을 애굽의 손에서 건져 내시고 구원해 주셨음을 이야기한다. 그 이야기를 통해 이스라엘은 자신들의 신은 하나님이며, 그들은 그의 백성들임을 확인한다. 그리고 그 하나님은 지금도 살아 계시고, 앞으로도 영원히 살아 계셔서 이스라엘을 지키시고 구원해 주실 것이라고 믿는다.

이스라엘에게 절기를 지키는 일은 단순한 축제로 끝나는 것이 아니라, 이스라엘이 누구인가를 다시 확인시켜 주며, 다음 세대에게 그들의 민족적 신앙과 역사를 전달하고, 그들이 미래에 나아갈 길을 찾게 해준다.

우리가 교회력을 정하고 지키는 까닭도 이와 동일하다. 교회력은 신앙 공동체들이 교회력에 따라 예수 그리스도의 신앙적 사건들을 기억하면서 신앙을 새롭게 하고, 이를 통해서 그리스도인의 정체성을 확립하는 귀중한 기회를 신앙 공동체에 제공한다.

교회력에 나타나는 중요한 신학적 주제는 하나님의 나라, 성도의 종말론적인 삶, 구원의 기쁨, 그리스도 안의 새로움, 빛의 자녀, 경건, 회개, 제자도, 부활, 영생, 성령의 임재, 선교, 섬김, 감사, 은혜 등이다.[120] 이러한 기본적인 신학적 주제들을 교회력에 따라서 케리그마로 선포한다면, 그렇지 않을 때와 달리 케리그마 선포의 불균형 현상을 막고 건강하고 균형 잡힌 말씀을 선포할 수 있을 것이다.

---

120) 장신근, 『창조적 교회교육 네비게이션』, p. 25.

케리그마를 위한 실천

●●●

예배 때 선포하는 케리그마는 교회 공동체 구성원들 삶에 큰 영향력을 미친다. 케리그마는 하나님의 말씀을 선포하는 것인데, 하나님 말씀은 살아 있고 생명력이 있으므로 성도들은 말씀을 들으면서 신앙이 성장하고, 앞으로 어떻게 살아갈 것인가 방향을 바르게 정할 수 있다. 교육목회를 지향하고 디자인하는 목회자는 생명력 있는 설교의 힘으로 건강한 교회를 세울 수 있으며, 실제로 목회자들이 그렇게 하는 교회들이 여럿이다.

실천 제시: 설교를 통한 새로운 정체성 형성

칼 바르트(K. Barth)는 설교를 교회의 본질적인 기능으로 보았다.[121] 모든 신학은 설교를 위해 봉사해야 한다는 것이다. 이처럼 설교를 교회의 중요한 본질적인 기능의 하나로 본다면, 교회가 겪는

---

121) 김종렬, 『교회력에 따른 예배와 강단』(서울: 목회교육연구원, 기독교문사, 2006), p. 31.

강단의 위기는 바로 교회 자체의 위기이다. 설교가 인간의 언어로 표현되는 것은 사실이지만, 설교를 통해서 우리는 하나님의 말씀을 듣고 하나님을 뜻을 알고 하나님의 뜻대로 사는 길과 방법을 배운다. 따라서 설교를 통해 살아 있는 하나님의 말씀을 선포함으로써, 온전하고 건강한 교회를 세울 수 있다. 설교를 통해 하나님의 말씀이 그 교회의 현장에 알맞게 선포된다면, 그 교회를 향하신 하나님의 뜻과 사명을 이룰 수 있고 건강한 교회로서 성장할 수 있다.

설교는 그것이 어떤 형태이든 Pre-text, Text, Con-text의 세 차원을 담아야 한다. 오는 하나님 나라를 선포하고(pre-text), 주해하고(text), 회개와 변화를 촉구하는(con-text) 설교일 때, 그 설교는 날마다 그리스도와 함께 죽고 그리스도와 함께 다시 사는 종말론적 사건이 된다.[122]

다음에 제시하는 것은 다문화·다인종 교회가 그리스도 안에서 한 몸 공동체가 되게 하기 위해서, 다양한 사람들이 케리그마를 통해 그리스도를 머리로 한 몸을 이루어 나갈 수 있도록 케리그마 사역을 계획한 실천적 사례이다. 다문화 교회가 한 몸 공동체가 되기 위해서는 의식의 변화가 중요하다.

미국에서 목회할 때, 같은 노회에 속한 독일계 미국인 목사님에게 질문했다. "만약에 교회 공동체가 지향하는 목표가 있는데, 그 목표가 부모님이 생각하는 것과 다를 때 목사님은 어느 것을 따르겠습니까?" 그 목사님은 조금도 주저하지 않고, 자신은 부모님이 따르는 가치를 교회 공동체가 제시하는 것보다 먼저 따르겠다고 대답했다.

이 말은 교회가 예수 그리스도를 믿는 신앙인들이 모인 공동체이지만, 다문화 교회에서는 그 뜻보다는 자신이 속한 문화적 가치를 더

---

122) 은준관, 『실천적 교회론』(서울: 대한기독교서회, 2001), p. 290.

우선할 때가 많다는 것을 보여준다. 이 대화를 하면서 다문화·다인종 교회에서 모든 구성원이 그리스도 안에서 한 몸으로 살아가게 하려면, 자신이 속한 문화적 가치를 따르면서도 그것을 넘어서서 예수 그리스도의 뜻을 따르는 것을 최고 가치로 인식하도록 그들의 의식을 변화시키고, 이를 통해서 그리스도 안에서 새로운 정체성을 형성하게 하지 않으면 안 된다는 것을 나는 깨달았다. 다양한 가치를 추구하는 다양한 문화적 배경을 지닌 사람들이 모인 한 회중이 신앙 공동체가 되려면, 공동체의 정체성을 새로 확립하지 않으면 안 된다.

이를 위해 이런 프로그램을 마련할 수 있다. 예수님의 열두 제자가 보여준 삶과 신앙을 배움으로써, 모든 것을 부인하고 십자가를 지는 제자의 도를 실천하게 하고, 로마서를 통해서는 오직 믿음으로 구원을 얻는 믿음의 원리를 배우게 하며, 에베소서와 갈라디아서를 통해서는 교회는 그리스도의 몸이라는 올바른 교회 정체성을 가지게 하여, 이를 통해서 모든 인종과 세계를 향해 마음을 여는 다문화 교회라는 새로운 정체성을 확립하도록 돕는다.

제자도를 통해서

12주 동안 예수 그리스도의 열두 제자에 대하여 설교하였다. 이 설교를 통해서 성도들이 진실한 예수 그리스도의 제자가 되게 하는 데 목적을 두었다. 진실한 예수 그리스도의 제자가 되어 그리스도의 말씀을 따라 산다면, 인종이 다르고 문화와 사고방식이 다르다 할지라도, 그들이 속한 교회 공동체가 예수 그리스도의 정신 아래서 하나의 신앙 공동체를 이룰 수 있기 때문이다. 예수 그리스도의 열두 제자들의 삶과 믿음을 생각해 보는 일은 새로운 교회의 정체성을 형성하는 데 큰 역할을 한다. 예수 그리스도의 제자들이 보여주는 삶은 현재를 사는 성도들이 배우고 따라야 할 제자의 길을 보여준다. 예수님의 열두 제자들은 각기 다른 제자도를 보여주었다. 예를 들면, 마태는 바리새인이나 서기관보다 더 나은 의를 행하고, 의를 위하여 고난을 받으며 섬기는 것이 제자의 길이라고 말한다.[123] 그래서 열두 제자에 대해 이야기하는 것은 열두 가지 다양하고 독특한 삶의 모습을 이야기하는 것이다.

예수님은 여러 가지로 다양한 모습을 보이는 제자들을 모으시고, 그들을 하나로 엮어서 예수공동체를 만드셨다. 열두 제자들이 각각 걸어갔던 제자의 길을 설교함으로써, 다양한 문화적 배경을 가진 모든 성도들이 인종과 문화적 장벽을 넘어서, 동일한 예수 그리스도의 제자로 살아가게 할 수 있다.

회차	본문	제목(한글)	제목(영어)
1	마 13:44-48	제자도1-마태	Discipleship of Matthew
2	요 16:14-18	제자도2-나다나엘	Discipleship of Nathanael
3	마 26:31-35, 69-75	제자도3-베드로	Discipleship of Peter
4	요 14:22-24	제자도4-다대오	Discipleship of Thaddaeus
5	요 1:35-40	제자도5-안드레	Discipleship of Andrew
6	요 13:34-35	제자도6-요한	Discipleship of John
7	요 11:5-16	제자도7-도마	Discipleship of Thomas
8	요 14:8-27	제자도8-빌립	Discipleship of Philip
9	마 10:1-4	제자도9-시몬	Discipleship of Simon

---

123) 장흥길, 『나의 멍에를 메고 내게 배우라-설교를 위한 마태복음 연구』(서울: 한국성서학연구소, 2004), p. 30.

회차	본문	제목(한글)	제목(영어)
10	마 10:1-4	제자도10-야고보	Discipleship of Jacob
11	마 20:20-28	제자도11-세베대의 아들 야고보	Discipleship of Jacob Son of Zebedaeus
12	막 14:21	제자도12-가룟 유다	Discipleship of Judah Iscariot

〈도표1〉

로마서를 통해서

로마서 역시 다문화 다인종 교회를 동일한 신앙적 가치를 지향하는 신앙 공동체로 형성하는 데 유용하다. 특히 12장 4-5절 말씀을 중심으로 한 몸 공동체가 되라는 권면의 말씀을 전하면, 다문화·다인종 교회가 '한 몸으로 살아가기'를 실천하는 데 큰 힘을 줄 것이다. 이때 다문화 공동체가 건강하고 아름다운 몸으로 변화할 것이라는 희망과 목표를 심어 주는 것이 중요하다. 이를 통해서 교회 공동체가 옛 사람을 벗어 버리고, 새로운 미래를 향하여 나아가는 역동적인 신앙 공동체로 바뀌게 하는 것이 목표이다.

회차	본문	제목(한글)	제목(영어)
1	1:1-7	은혜를 입은 사람들	Men of Grace
2	1:8-17	믿음으로 서로 격려하라	Encourage each other with faith
3	1:16-17	복음의 능력 위에 세워진 교회	The Church to be built on the power of the Gospel
4	2:1-29	하나님의 정의로운 심판	Righteous Judgment of God
5	3:21-31	칭의와 성화	Justification and Sactification
6	4:1-25	아브라함의 믿음	The faith of Abraham

케리그마를 위한 실천

회차	본문	제목(한글)	제목(영어)
7	5:1-11	평화, 희망, 그리고 기쁨	Peace, Hope and Joy
8	5:12-21	아담과 그리스도	Adam and Christ
9	15:1-13	오직 하나님께 영광	Glorify God
10	8:1-17	성령님을 따라 사는 삶	Living through the Holy Spirit
11	8:26-27	중재하시는 성령님	The Holy Spirit to mediate
12	8:28-39	한결같은 하나님의 사랑	The Zeal of the Lord
13	10:1-15	예수님은 주님이시다	Jesus is Lord
14	11:22-36	끈질긴 은혜	Persistant Grace
15	12:1	나는 무엇을 믿는가?	What is my Confession?
16	12:1-2	변화를 받으라	Live Holy Life
17	12:3-8	그리스도 안에서 한 몸으로 살아가십시오	Live as a one Body
18	12:21-31	한 몸 이루기	Make one Body
19	13:1-7	권력에 대한 그리스도인의 태도	Christian Attitude to Political Power
20	14:1-23	모든 것을 하나님 나라를 위하여	For the Kingdom of God
21	15:1-13	희망의 원천이 되시는 하나님	God as the Fountain of Hope
22	16:1-16	새 사람 새 정체성	New Being, New Identity
23	16:17-27	로마서의 결론	The Conclusion of Romans

〈도표2〉

갈라디아서를 통해서

갈라디아서는 초대교회가 어떻게 유대인과 이방인의 갈등을 극복하고 하나의 교회로서 정체성을 형성했는지를 잘 보여준다. 안디

옥 교회에서 이방인을 위한 선교사로 나선 바울은, 예수 그리스도의 순수한 복음의 빛에 의하여 모든 것들을 재조명하면서 유대인과 이방인의 갈등을 극복하고자 하였고, 그러한 것을 갈라디아서에 담았다. 갈라디아서는 다른 인종과 문화 간의 갈등을 해소하고, 공동의 목표와 합의된 의견을 이끌어 내어, 예수 그리스도의 순수한 복음의 빛의 조명을 통해서 교회 공동체를 '한 몸 신앙 공동체'로 형성시킬 것이다.

회차	본문	제목(한글)	제목(영어)
1	1:1-5	은혜와 영광의 나라	The Kingdom of Grace and Glory
2	1:6-24	순수한 복음	The Purity of Gospel
3	2:1-9	예루살렘 사도회의	The First Counsel of Jerusalem
4	2:15-21	귀중한 하나님의 은혜	The Grace of God
5	3:1-14	예수님이 세운 새로운 법	The New Law of Jesus Christ
6	3:15-29	그리스도로 옷을 입으라	Clothe Yourself with Christ
7	4:12-19	그리스도의 모습이 형성될 때까지	Until Christ is Formed in You
8	4:20-31	바울의 마지막 권면	The Last Encouragement of Paul
9	6:1-18	십자가의 원리를 따라 사는 삶	Live to Follow the Rule of Cross

〈도표3〉

맺는 말

"사람들은 공동체가 하나 되지 않는 한 회개하고 기도하고 봉사하는 공동체에 인도되거나 병합될 수 없다."[124] 이 말은 교회가 '한 몸 신앙 공동체'로 형성되지 않으면 교회다워질 수 없다는 의미이다. 신앙 공동체는 공통적인 기억이나 전통, 곧 삶에 관한 공통의 이해와 공통된 삶의 방식, 그리고 공통의 목적과 의지를 공유한다. 신앙 공동체를 이루기 위해서는 본질적인 요소에 일치해야 한다. 그 공동체가 지니는 이해, 가치, 방침에서 통일성을 가져야 한다는 것이다.[125] 물론 공동체 내의 다양성을 존중해야 하지만, 그것이 신앙 공동체가 지향하는 정체성을 앞설 수는 없다. 따라서 신앙 공동체는 공동체 구성원들 각자가 지향하는 최고가치가 동일해야 한다. 신앙 공동체가 믿는 바를 확실하게 정립하고 일치하는 모습을 보이기 위해서는, 케리그마의 선포가 절대적으로 중요하다는 것을 명심해야 한다.

---

124) 크레이그 다익스트라, 이기문 역, 『비전과 인격』(서울: 대한예수교장로회총회교육부, 1984), p. 188.
125) 손원영, 『기독교교육의 재개념화』(서울: 대한기독교서회, 2003), p. 122.

그룹 토의

1. 케리그마의 핵심은 생명력이다. 여러분이 케리그마를 선포할 때마다, 교회 공동체가 살아나고 개인들이 변화한다고 믿는가? 케리그마가 가진 생명력을 드러내기 위해서 여러분은 어떻게 해야 한다고 생각하는가?

2. 매 주일 선포하는 설교 본문과 제목을 어떤 방식으로 정하는가? 공동 성서정과와 교회력의 사용이 도움이 된다고 생각하는가?

3. 한 편의 설교를 준비할 때, 여러분은 선택한 성경 본문을 연구하고 해석하는 데 몇 시간을 투자하는가?

교회
교육
실천

디아코니아

신앙 공동체를 위한 이론과 실천

"그중에 가난한 사람이 없으니 이는 밭과 집 있는 자는 팔아 그 판 것의 값을 가져다가 사도들의 발 앞에 두매 그들이 각 사람의 필요를 따라 나누어줌이라"(행 4:34-35)

교회
교육
실천

    교육목회 다섯 가지 영역 중에서, 지금까지 한국 교회에서 가장 소홀히 한 교회의 사역이 있다면 그것은 디아코니아 사역일 것이다. 디아코니아는 사도행전에 나타난 초대교회의 생활에서도 나타나듯이, 교회가 처음부터 목회의 한 부분으로 중요하게 생각해 왔다. 그러나 요즘은 디아코니아를 교회가 가난한 자들에게 물질을 베푸는 자선의 의미로 이해하려는 경향이 있다. 그래서 디아코니아 사역을 교회의 중요한 책임으로 여기며 행하는 교회들도 있지만, 성탄절이나 연말에 한 번 구제를 하면서 교회가 세상을 섬기고 봉사하는 일을 다했다고 생각하는 교회도 많다.
    교회학교를 지도하는 교육지도자라면 누구나 교회교육에서 디아코니아를 실천하는 것이 어렵다는 것을 알 것이다. 교회교육에서 디아코니아는 추수감사절이나 성탄절에 불우한 환경에 있는 이웃을 방문하거나 간단한 물품을 보내는 것으로 디아코니아를 실천했다고 여기기 때문이다. 교회가 행하는 이러한 잘못된 실천들을 교육목회에서 바로 잡아서 제대로 된 디아코니아 실천으로 이끌어 주어야 한다.
    이처럼 교회가 디아코니아 사역을 소홀히 한 까닭은 교회가 디아코니아에 대한 본질적인 의미를 온전히 이해하지 못했기 때문이다. 이제는 교회가 디아코니아야말로 교회가 행해야 할 가장 본질적인 일임을 인식하게 해야 한다. 칼빈도 『기독교강요』에서 교회가 모일 때마다 말씀과 기도와 성찬 참여와 더불어 구제를 위한 모금을 시행하는 것을 불변의 원칙이라고 하면서,[126] 교회의 디아코니아 실천을 강조한다.

특별히 마리아 해리스는, 디아코니아라는 봉사와 섬김이 일회적이거나 개인적인 차원의 봉사가 아니라, 교회 공동체 전체가 힘을 기울여 행해야 하는 교육목회의 중요한 커리큘럼 영역 중 하나라고 주장한다. 그러므로 교회는 봉사와 섬김의 사역을 제대로 하기 위해서, 교육적인 차원에서 디아코니아 실천을 위한 교육목회 커리큘럼을 만들어야 한다. 한국 교회가 디아코니아 사역을 소홀히 했던 이유들을 아래와 같이 살펴보면서, 디아코니아를 위한 실천의 길을 모색하고자 한다.

첫째, 한국 교회가 디아코니아에 대해 정확하게 이해하지 못하고 있다. 한국 교회는 디아코니아를 많이 가진 자가 적게 가진 자들에게 베푸는 자선 정도로 이해해 온 경향이 있다. 그러나 예수 그리스도가 행하신 디아코니아는 사회적 약자들을 긍휼히 여기시는 마음이었다. 이 긍휼은 단순히 동정심을 갖거나 말 한마디 던지고 끝나는 것이 아니라, 사회 변두리에 있던 사람들을 사회 안으로 복귀시킨 구체적인 사랑의 행위였다. 그러므로 교회의 봉사는 마리아 해리스가 제시하는 것처럼, 사회적 약자들을 향한 돌봄과 사회적 의식, 사회적 능력부여, 사회적 입법의 단계까지 그 범위를 넓혀 나가야 한다.

둘째, 한국 교회는 개교회 중심의 목회에 치중함으로써, 교회 공동체 내부의 돌봄에만 신경을 쓰고, 교회 밖을 향하여 하나님의 사

---

126) 존 칼빈, 『기독교강요(하)』, p. 508.

랑을 실천하는 일에는 인색했다. 교회의 모든 힘을 주로 교회 성장과 부흥에 쏟으면서, 교회 내의 교인들만을 돌보는 일에 치중한 것이다.

셋째, 디아코니아, 즉 봉사의 일들이 사회적·공적 실천으로 이어지지 못했다. 봉사는 개인적인 차원의 사역이 아니라, 교회의 사회적·공적 실천 사역이 되어야 한다. 개인의 봉사는 지속적일 수 없다. 그러므로 교회가 공동체적 차원에서 지속적이고 체계적인 사회봉사의 일을 계획하고 실행하고 평가하면서 해야 한다는 것을 인식해야 한다. 그러기 위해서는 인문과학, 기술, 문화 등 디아코니아와 연결되는 분야의 학문이 함께 연구된 체계적인 디아코니아 커리큘럼이 반드시 요구된다고 할 수 있다.[127]

넷째, 디아코니아가 케리그마의 선포와 같은 다른 사역들과 더불어 이루어지지 않았다. 디아코니아가 이루어지기 위해서는, 약자들과 사회적 불의 등 정의의 케리그마가 선포되어 성도들로 하여금 디아코니아가 하나님이 원하시는 일임을 깨닫도록 해야 한다. 그러나 지금까지 한국 교회는 케리그마를 지나치게 개인의 영성과 축복의 메시지로 선포하면서, 성도들이 디아코니아의 사명과 책임을 깨닫지 못하게 하였다. 또한 디아코니아를 실천하기 위해서는 교육이 필요하며, 기도로 준비하고 그리스도의 영성으로 충만해야 하므로, 결국

---

[127] 4차 산업혁명 시대에는 '융합', '협력'이 중요한 용어로 등장한다. 앞으로는 하나의 학문이나 기술로는 성공하기 어렵기 때문이다. 여러 기술이나 성능들을 가진 사람들은 그것들을 공유하면서 협력하여 하나로 합쳐서 더 큰 기술과 성능으로 발전시켜야 한다. 학문도 마찬가지이다. 앞으로는 하나의 학문이 아니라 여러 학문들이 결합되고 협력하면서 새로운 분야를 만들어 내야 한다. "우리는 나보다 똑똑하다"(We are smarter than me). 이 말은 한 사람이 아니라 여러 사람이 함께하면서 더 큰 가치를 발휘할 수 있다는 의미이다. 융합과 협력의 가치는 목회 현장에서는 이론과 실천, 앎과 삶, 교회와 사회, 개인과 공동체가 하나로 합해지도록 하는 데 큰 역할을 할 것이다.

디아코니아는 전체 교육목회의 모든 사역과 연결되어 실천되어야 한다는 것을 알 수 있다.

이제 한국 교회는 디아코니아를 위한 커리큘럼을 만들어야 한다. 그래서 한국 교회가 디아코니아를 교회의 본질적인 사역으로 인식하고, 교회의 목회구조 안에서 디아코니아가 구체적으로 실천되도록 해야 한다.

디아코니아와 케리그마

●●●

    한국 교회가 디아코니아를 올바로 실천하기 위해서는, 디아코니아를 위한 말씀 선포, 즉 케리그마의 사역에서 디아코니아의 이해와 실천을 가르치고 격려해야 한다. 지금까지 한국 교회 설교 강단에서는 디아코니아에 대한 말씀이 제대로 선포되지 않았다.

    내 어머니는 자녀들에게 사회에 대한 봉사를 강조하셨다. 어머니가 다니는 교회 목사님은 늘 강단에서 구약의 말씀을 인용하면서, 그리스도인의 사회적 봉사와 책임에 대하여 강조한다고 하셨다. 그래서 그런지 어머니는 다른 것보다 훨씬 더 사회적 봉사를 강조하고 실천하셨다. 80세가 넘는 나이까지 자원봉사를 다니신 것도 그러한 신앙적 이유에서였다. 간혹 교인들이 "죽어서 천국에 가면 찬양만 남는대요"라고 말하는 것을 듣는데, 어머니는 '우리가 죽어서 천국에 가면 사회를 위해 봉사한 것만 남는다'고 말하곤 하셨다.

나는 오랫동안 교회 생활을 했지만, 구약성서에 나타난 사회적 약자들을 돌보라고 강조하거나, 혈연보다는 예수 그리스도 안에서 만난 하나님의 가족이 더 중요하다는 말을 설교 강단에서 들어본 적이 그리 많지 않다. 나뿐만 아니라 많은 그리스도인들이 교회 강단에서 디아코니아의 중요성을 많이 듣지 못한다. 그러나 우리는 디아코니아의 실천에 대한 성서의 말씀을 자주 전하고 들음으로써, 디아코니아에 대한 올바른 이해와 실천의 길을 찾아서, 균형 잡힌 교육목회 실천을 해나가야 할 것이다. 그러기 위해서는 무엇보다 케리그마 사역 속에서 디아코니아에 대한 성서적 의미를 바로 선포하고, 그것을 교육목회 커리큘럼으로 만들어서 실천으로 이어질 수 있도록 해야 한다.

디아코니아에 대한 성서적 의미를 아는 것은 디아코니아의 본질적인 의미를 이해하는 데 필수적이다. 도대체 우리는 왜 봉사와 섬김을 실천해야 하는가? 이것에 대해 하나님께서는 우리에게 무엇이라고 말씀하고 있는가?

대다수 사람들이 섬김과 봉사를 나타내는 단어는 주로 신약성서에 나타나고, 구약성서는 디아코니아에 대해 언급하지 않은 것으로 생각한다. 그러나 구약성서에서 섬김과 사회봉사는 하나님이 이스라엘 민족에게 명령하신 것이었고, 신앙과 믿음을 표현하는 행위였다. 구약에서 하나님은 이스라엘 사람들에게 항상 약자들, 과부, 고아와 나그네를 돌보라고 하신다. 이들은 식량을 비축하지도 못하고, 농사지을 땅도 없고, 그들을 돌보아 줄 가족도 없는 사람들이다. 한마디로 이스라엘 공동체에서 주변으로 밀려난 사람들이다. 그래서 과부, 고아, 나그네는 이스라엘 공동체에서 약자와 주변인을 상징한

다.[128]

아이들과 미국에서 유학할 때 일이다. 여자 혼자 아이들 둘을 데리고 와서 공부하며 일하며 살다 보니 많이 힘이 들었다. 그래서 한 동문 목사님께 농담 반 진담 반으로 성경에 혼자 사는 여자와 아이들을 돌보라고 했으니 좀 도와 달라고 부탁을 했다. 그랬더니 그 목사님도 농담 반 진담 반으로 이렇게 말했다. "성경에는 고아와 과부를 돌보라고 했지, 기러기 엄마를 돌보라고 하지는 않았어요."

아무리 신앙이 좋은 그리스도인이라도, 가난한 자를 구제하고 사회적 약자들을 지속적으로 돌보는 일은 쉽지 않다. 그러나 구약의 하나님은, 하나님을 섬기는 일과 약자를 돌보며 정의를 실천하는 것이 동등한 가치를 가진다[129]고 가르쳐 주셨다. 이스라엘을 출애굽 시키신 하나님은 자신을 예배하도록 함과 동시에 사회적인 약자들도 돌보라고 하셨다. 김옥순은 디아코니아의 의미가 구약에서는 하나님에 대한 봉사로써 제사장적인 봉사를 수행하는 예배 의식적인 의미로 해석할 수 있다고 말한다.[130] 하나님은 이스라엘에게 내가 너희를 애굽 땅 종 되었던 곳에서 구원해 준 것처럼, 너희도 긍휼과 사랑으로 약자들을 돌보라고 요구하셨는데, 이러한 사회적 정의를 행하는 것을 믿음의 실천으로 생각한다.

지금까지 구약성서에서 말하는 디아코니아 개념을 살펴봤는데,

---

128) 이윤희, '제4차 산업혁명 시대의 예수를 따르는 섬김', 김도일 편, 『제4차 산업혁명 시대의 교육목회』, p. 261.
129) 김옥순, 『디아코니아 입문』(서울: 한들출판사, 2010), p. 38.
130) 김옥순, 『디아코니아 입문』, p. 36.

신약성서에서는 디아코니아의 의미를 무엇이라고 말하고 있는가?

성도들은 '봉사' 하면 주방 봉사만을 주로 생각한다. 교인들이 주방에서 하는 식탁을 위한 봉사 외에도, 교회 안과 교회 밖에서 할 수 있는 많은 일들이 있다. 하지만 성도들은 은혜 받고 교회를 위해 무엇인가를 봉사하고자 결심하면, 식당에 들어가 설거지를 하거나 음식 만드는 일을 먼저 생각한다.

성도들이 이렇게 인식하는 까닭은 디아코니아에 대한 의미를 제대로 교육받지 않았기 때문이다. 신약성서에 나오는 봉사 관련 단어로는 동사형 '디아코네오'(섬기다, 일하다, 봉사하다)와 명사형 '디아코니아'(섬김, 봉사, 일), 그리고 또 다른 명사형 '디아코노스'(섬기는 자, 일하는 자, 봉사자)가 있다. 이중에서 동사형 단어인 '디아코네오'는 신약 시대 이전 그리스 주변에서 오랫동안 '식탁에서 시중 들다'는 의미로 사용되었다.[131] 그러나 성서적 의미는 좀 다른 의미를 가진다. 신분이 낮은 사람이 신분이 높은 사람을 섬기는 '종'으로서의 의미가 아니라, 진정한 신앙인이 보여준 겸손과 낮아짐으로 의미를 새롭게 바꾸었다.

신약에서는 이렇게 봉사와 섬김의 의미를 새롭게 해석하는데, 대표적으로 누가복음 22장 24-27절과 마가복음 10장 35-45절 이하에 나오는 말씀에서 확인할 수 있다. 이 말씀에서 봉사는 그 의미가 완전히 새롭게 변한다. 예수 그리스도처럼 낮아져서 다른 사람을 섬기는 것이다. 그러므로 하나님 나라에서는 섬기는 자가 높은 자가 되는 것이다. 마가복음 10장 45절을 보면, 예수 그리스도가 오신 목적

---

[131] 김옥순, 『디아코니아 입문』, p. 14.

은 다른 사람을 섬기기 위해서다. 그래서 주님은 사람들을 위해 목숨까지 바치셨다. 이것이 진정한 봉사이다. 이처럼 신약성서에서 '봉사'의 의미는 과거와는 전혀 다른 의미로 변하였다. 그러므로 봉사란 그 행위를 통해서 신분이 높은 자와 낮은 자의 신분적 차이를 더 분명하게 만드는 것이 아니라, 오히려 봉사 행위를 통해서 그 신분의 차이를 극복하는 신앙적인 실천의 행위로 전환되었다.[132] 따라서 디아코니아 사역은 예수 그리스도의 참 제자라면 당연히 해야 할 의무와 책임이며 자신의 신앙을 표현하는 행위이므로 교회가 중요하게 실천해야 할 사명임을 알 수 있다.

---

132) 김옥순, 『디아코니아 입문』, p. 25.

디아코니아를 위한 교육

디아코니아 사역을 제대로 하기 위해서는 디아코니아란 무엇인가를 제대로 교육해야 한다. 여기에서는 마리아 해리스가 제안한 네 가지 디아코니아의 형태들을 가져와서, 그것들을 자세히 설명함으로 디아코니아가 교회에서 제대로 수행되기 위해 해야 할 교육들이 무엇이 있는지 알아보고자 한다.

사회적 돌봄(Social Care)

구약의 사회법은 사회적 약자들을 보호하는 제도적 장치로서, 기본적인 생존권과 인권을 보장받을 수 있는 최소한의 삶의 테두리를 제공해 준다. 이러한 법적 테두리는 단순한 보호조치를 넘어서 실제적인 경제적 공급까지도 포함하는 것이었다(출 22:21; 레 19:18). 그중의 하나가 십일조 규정이다.[133] 예언서들의 많은 선포 속에서도 약자들

---

[133] 이윤희, "제4차 산업혁명 시대의 예수를 따르는 섬김", 김도일 편, 『제4차 산업혁명 시대

에 대한 돌봄이 종교의식적인 의미와 관련해서 나타난다. 야훼 하나님은 이스라엘 가운데 불쌍한 자들의 권리를 보호해 주시는 유일하신 신으로 존재한다. 약자들에 대한 권리 보호의 공법 수행이 하나님의 하나님 되심에 대한 기준이 된다. 그렇기에 우리는 하나님을 신앙하는 행위 속에서 구약성서의 디아코니아를 이해해야 한다.

> 몇몇 성도들은 외국인 노동자들에게 임금을 주지 않는 악덕업자들에게서 노동자들을 보호하는 일을 한다. 변호사의 도움을 받아 불법체류자로서 노동을 하고도 임금을 받지 못한 외국인 노동자들의 임금을 대신 지불해 준다. 우리 교회가 있는 곳은 코리아타운(korean town)이라고 불릴 만큼 한국인들이 운영하는 가게와 사업체가 많이 있다. 그 가게에는 중국인과 조선족, 남아메리카에서 온 불법이주 노동자들이 많이 일한다. 그들은 신분 보장을 받지 못하므로 일하고 임금을 못 받는 불이익을 당해도 정부에 도움을 요청하지 못한다. 이런 약점을 이용하여 악덕 업주들이 그들에게 일을 시키고 돈을 지불하지 않는 경우가 종종 발생한다.

돌봄은 사회적인 약자와 여성, 남성과 아동들, 그리고 동물들을 위해서도 봉사 활동을 하는 것이다. 봉사는 함께 나누는 것이기 때문에, 돌봄 사역은 보호를 받는 사람뿐만 아니라 돌보는 사람도 포함한다. 그렇기에 돌봄은 우리의 존재와 행위의 한 방식이 되어야 한다.[134]

의 교육목회』, p. 261.
134) 마리아 해리스, 『교육목회 커리큘럼』, p. 181.

사회적 의식(Social Ritual)

우리는 디아코니아를 실천하기 위해 직접 현장에서 행동하기도 하지만, 사회적 의식을 통해서도 할 수 있다. 예를 들면, 함께 모여서 우리가 놓치고 있는 봉사들을 생각해 보고 토론할 수 있고, 기도할 수도 있다. 또한 여성 폭력, 사형 제도, 좋지 않은 주거환경을 개선하기 위하여 항의할 수도 있다. 이러한 의식, 철야, 행진 등을 모두 사회적 의식들이라고 한다.[135] 이러한 의식들은 지대한 능력을 가지고 있다. 이 사회적 의식들은 사람들의 관심을 불러 모으고, 사회적 악을 개선하고, 사람들의 인식 변화를 가져오기도 하고, 법이 개정되거나 입법이 되도록 하는 데 영향을 미친다.

오늘날 많은 단체가 여러 가지 방법으로 사회적 의식을 행하고 있다. 예를 들어, 미국장로교(PCUSA) 여선교회 전국연합회는 매달 25일에 오렌지 데이(Orange Day) 행사를 한다. 보이지 않는 여러 곳에서 육체적·정신적으로 가정 학대를 받는 분들을 위해 기도하고, 학대 근절을 위한 작은 성의에 참여하는 운동이다.

또한 여선교회 실행위원회인 '인종 평등 위원회'(Racial Equity Committee)에서는 인종 차별로 당하는 불이익 등을 인지하고, 백인들의 반성과 회개를 통해 정의를 함께 펼쳐가고자 노력하고 있다. 그것에 관한 교육의 필요성 내지 자기인식 교육들을 위한 자료(material)를 제작하였고, 그러한 노력의 일환으로 인종 인식에 관한 책들을 읽고 논의하는 시간을 갖고 있다. 그리고 특정한 사람들의 참여만으로는 정의로운 세상으로 바뀌지 않기 때문에, 전 교단 차원에서 모두가 참여하여 함께 이루어 가도록 하고 있다. 그 외에도 어린이 문

---

135) 마리아 해리스, 『교육목회 커리큘럼』, p. 183.

맹 퇴치 행동의 날(PW Together in Action Days for Children's Literacy), 장애인과 함께하는 주일(Disability Inclusion Sunday), 세계난민의 날(World Refugee Day), 에이즈 퇴치 주일[PC(USA) World AIDS Sunday] 등을 통하여 사회적 돌봄을 실천하고 사회적 돌봄을 위한 의식화를 위해 노력한다.

사회적 능력 부여(Social Empowerment)

홈리스 사역을 하시는 목사님으로부터 들은 이야기이다. 홈리스가 된 사람들은 신체적으로 일할 수 없어서 먹고살 길을 열지 못하는 사람들도 있지만, 대다수는 정신적인 문제로 인하여 삶을 정상적으로 살지 못하기 때문에 일하지 못하고 홈리스가 된다고 한다. 그들에게 필요한 것은 당장은 잠잘 공간을 얻는 것과 먹거리와 씻을 수 있는 세면도구들, 옷, 신발 등이다. 그러나 그것들을 제공받는다고 해서 그들의 삶이 달라지는 건 아니다. 그들 스스로 정상적인 삶을 영위할 수 있도록 능력을 부여해 주는 일(empowermenr)이 동시에 이루어져야 한다. 그래야 그들이 재활이 되고, 새로운 삶을 시작할 수 있게 된다.

단순하게 돌봄만을 생각하는 사회봉사는 때때로 다른 사람을 돕는 사역으로만 제한될 수 있다. 그 사역은 고통을 경감시킬 수는 있어도, 고통 당하는 사람들이 자신의 능력을 주장할 수 있게 하거나 불의를 영속화시키는 사회조직이나 정책들을 변화시키게 할 수는 없게 만든다. 그러나 디아코니아는 스스로 자립할 수 있도록 도와주면서 의존하는 마음을 제거하는 방향으로 설계되어야 한다.

사회적 능력 부여의 중요한 점은, 봉사자가 무엇을 할 것인가에 강조점을 두지 않는다. 오히려 돌봄을 받는 사람들이 자신에 대해서 책임지는 힘과 능력을 사용하도록 돕는 것에 초점을 두어야 한다. 그래서 교회의 온정주의를 영속화시키기보다는, 사회적 능력 부여 운동을 통하여 사람들이 자신들의 삶을 관리할 수 있는 방향으로 나아가야 한다.

사회적 입법(Social Legistlation)

마지막으로 디아코니아는 단순한 돌봄과 사회적 의식, 능력 부여의 차원에서 더 나아가 불의한 상황들을 지속화시키는 사회체제와 구조들을 다루어야 한다. 마리아 해리스는 이것을 정치적 활동을 통해서 사회질서를 재형성시키는 일이라고 한다.[136]

그리스도인들은 사람들의 고통에 책임감을 느껴야 한다. 그래서 보다 항구적인 사회적 돌봄과 치료가 이루어지도록 지속적인 디아코니아 구조를 만들 필요가 있다. 이 땅에는 항상 가난한 자와 약자들이 존재한다. 디아코니아를 행함에 있어서 제사장적인 돌봄과 예언자적인 의식도 필요하다. 그러나 이것과 더불어 정치적인 측면도 실천되어야 한다. 하나님의 선한 세상은 소망하기만 하면 저절로 이루어지는 것이 아니기 때문이다. 제도들이 사람들로 하여금 인간적인 삶을 살지 못하도록 방해하는 곳이면 어디나, 사람들이 제도들을 수정하려는 정치적인 행동이 있어야 한다. 그래서 정당한 법률을

---

136) 마리아 해리스, 『교육목회 커리큘럼』, p. 187.

제정하고, 불의한 법률을 폐지하도록 디아코니아의 정치적 소명을 다해야 한다.

> "내가 기뻐하는 금식은 흉악의 결박을 풀어 주며 멍에의 줄을 끌러 주며 압제 당하는 자를 자유하게 하며 모든 멍에를 꺾는 것이 아니겠느냐"(사 58:6).

마리아 해리스는 '정치를 강단에서 분리시켜라!'라는 표어는 낡은 것이라고 주장하면서, 집사들이 가난한 사람들을 더 이상 돌보지 않고 대신에 시편을 암송하는 일만 해서는 안 된다고 말한다. 그리스도인의 소명은 제사장적이고, 예언자적이며, 정치적이어야 하기 때문이다.[137]

---

137) 마리아 해리스, 『교육목회 커리큘럼』, pp. 186-189.

디아코니아와 여전도회의 봉사

대한예수교장로회(통합) 여전도회 전국연합회는 그 조직의 목적을 '선교, 교육, 봉사'에 둔다. 그 목적에 따라, 각 교회의 여전도회는 한국 교회 초창기부터 지금까지 봉사의 일을 실천하고 있다. 그래서 여전도회의 트레이드 마크 하면 '봉사'를 생각할 정도이다. 오늘날 한국 교회가 이처럼 성장하여 복음을 전파하고 선교의 사명을 다하는 데는 여전도회의 숨은 봉사가 있었기 때문이다. 여전도회의 회원들은 그들이 사회적으로 신분이 낮아서 교회 봉사를 해온 것이 아니다. 오히려 주님을 지극히 사랑함으로써 예수 그리스도에 대한 사랑과 믿음의 표현으로 봉사를 해왔다. 그러므로 여전도회원들은 '봉사'의 성서적인 의미를 잘 이해하고 실천하였다고 볼 수 있다.

교회교육에서 디아코니아를 어떻게 가르칠 것인가?

공동체적 차원으로 이해해야 한다

"그가 어떤 사람은 사도로, 어떤 사람은 선지자로, 어떤 사람은 복음 전하는 자로, 어떤 사람은 목사와 교사로 삼으셨으니 이는 성도를 온전하게 하여 봉사의 일을 하게 하며 그리스도의 몸을 세우려 하심이라"(엡 4:11-12).

이 말씀은, 봉사의 일은 그리스도의 몸을 세우기 위한 것이라고 분명히 말한다. 그리스도의 몸을 세우는 일은 한 개인이 하는 일이 아니다. 교회 공동체 전체가 힘을 합해야 할 수 있다. 그러므로 봉사의 일은 공동체적인 차원에서 이루어져야 할 교회의 사역이다. 많은 그리스도인이 봉사에 대하여 꺼려하고, 당연히 해야 할 일이라고 알면서도 실천하지 못하는 이유는, 봉사를 개인적인 차원의 일이라고 생각하고 부담을 가지기 때문이다. 이러한 현실을 극복하기 위해서는, 교회가 공동체적 차원에서 디아코니아 사역을 계획하여, 각 개인이 그 사역에 함께 참여하여 이룰 수 있도록 길을 열어 주고 기회를 제공해야 한다.

아프리카에서 온 한 고등학생이 밤새 심장마비로 죽었다. 그 가족은 미국으로 건너와 의료보험도 없이 근근이 살아가고 있었다. 가족들은 학교에서 건강검진을 했는데, 아이 심장에 이상이 있어 더 정밀한 검사를 받으라는 진단을 받고도 의료보험이 없어서 차일피일 미루고 있었다. 그러다 그 아이는 주말에 햄버거 가게에서 새벽 3시까지 일한 후 집에 돌아와 잠을 자다 심장마비로 죽은 것이다. 그 나라의 풍습은 화장하지 않고 묻는다고 했다. 고향 아프리카로 그 시신(body)을 옮겨 장사 지내야 하는데, 비행기로 시신을 옮기는 비용이 2만 달러가 되었다. 이에 모든 교인이 각자 형편대로 헌금하여, 그 학생을 고향 땅에 묻어 주었다.

바울은 고린도전서 12장 12절에서 교회를 몸과 지체로 비유하여 설명한다. 하나인 몸은 여러 지체로 구성되어 있고 여러 지체가 하나의 몸을 이룬다고 하면서, 몸과 지체의 공동체성을 말하고 있다. 그래서 몸 가운데 한 지체가 고통을 당하면 함께 고통을 나누며 아파하고, 한 지체가 즐거우면 모두 즐거워하는 공동체로서 이해한다. 디아코니아는 공동체 안에서 여러 가지 차별을 극복하고 나눔과 섬김을 통하여 그리스도의 몸을 이루도록 하는 것이다. 이때 각각의 지체들이 봉사를 위해 사용하는 은사들은 다르지만, 그 중요성에 있어서는 동등하며, 함께 협력하여 그리스도의 몸인 공동체를 이루어 감으로써, 하나님이 살아 계시다는 것을 증거하는 것이다. 그러므로 교회 공동체를 위한 디아코니아 사역은 "교회의 성만찬에 기초하는 서로의 교제로서 만인사제직에 의한 자발적인 활동"[138]이다.

디아코니아의 목적은 하나님의 사랑을 실천하여 이 땅의 사람들과 전 생태계가 예수 그리스도가 주시는 새 생명과 능력을 받아 살아가게 하는 것이다. 그러므로 디아코니아의 영역은, 사람들의 생명을 보존해 주는 일부터 생태계를 보존하는 일까지 그 범위가 넓다. 이런 넓은 범위의 디아코니아 사역을 위해서는 물론 개인이 할 수 있는 영역도 있겠지만, 대체로는 전 교회 공동체가 공동체적인 실천으로 해야 한다.

---

138) 김옥순, 『디아코니아 입문』, p. 116.

체계적이고 계획적이어야 한다

디아코니아는 교육목회의 한 커리큘럼으로 자리를 잡아가야 한다. 김옥순은 디아코니아를 "기독교 사회봉사는, 하나님의 말씀에 대한 교회와 신앙인의 순종의 실천 행동으로써, 세상 속에서 하나님의 구원 사역에 참여하는 개별적인 봉사와 조직 구조적인 봉사를 포괄하는 것"[139]이라고 정의한다.

디아코니아는 개인적인 사역이 아니고 공동체적 차원에서 이루어져야 하는 일이기 때문에, 당연히 조직적이고 체계적이어야 한다. 또한 일회적인 일이 아니고 지속적으로 이루어져야 하는 일이므로 계획적이어야 한다. 교회는 교회 성도들로 하여금 봉사를 실천할 수 있도록 디아코니아의 성서적 의미를 재발견하게 돕고, 공동체적인 차원에서 디아코니아를 실천하도록 계획하여, 전 공동체의 일원들이 함께 하나님 나라를 이루기 위해 이 사역에 참여하도록 도울 책임을 갖고 있다.

내일의 그리스도인이 아니라, 오늘의 그리스도인으로 양육해야 한다

봉사의 일은 전 연령층이 참여하도록 계획해야 한다. 어른들을

---

[139] 김옥순, 『디아코니아 입문』, p. 46. 독일에서는 기독교 봉사와 관련하는 신약성서의 쓰임인 '디아코네오, 디아코니아, 디아코노스'란 단어들이 가지는 의미 전체를 다 포함해서 'Diakonie'란 용어로 사용되고 있으며, 이는 오늘날 기독교 봉사와 기독교 사회봉사, 그리고 기독교 사회복지를 총괄적으로 포함하는, 개신교 전통의 기독교 봉사를 의미하는 용어이다(김옥순, 『디아코니아 입문』, pp. 147-148).

중심으로 해야 하는 일이지만, 모든 교회 구성원들이 참여할 수 있는 사역을 연구하고 개발해야 한다. 교회학교 교사들은 학생들에게 디아코니아의 실천을 격려하지 않는다. 이들은 지금 학생이고 공부를 해야 하므로, 봉사는 나중에 커서 어른이 되어서 하면 된다고 생각한다. 그러나 이것은 매우 잘못된 생각이다. 디아코니아의 실천은 현재 이루어져야 하는 일이다. 물론 학생들은 공부에 쫓겨 봉사할 시간을 내기 어렵다. 그렇다고 하여 그들이 봉사의 실천을 미래의 일로 여기게 한다면, 학생들은 평생 봉사는 나중에 하는 일로 생각하게 만드는 것이다. 그래서 작은 실천을 하더라도 학생들이 할 수 있는 봉사의 일을 제시해 주고, 모두 함께 참여하여 이룰 수 있도록 가르치고 이끌어 주어야 한다.

학생들은 어릴 때부터 봉사를 배우고 실천하여 봉사가 그리스도인의 삶에서 반드시 행해야 하는 신앙적 책임이요 행동이라는 것을 알도록 해야 한다.

집사직의 재발견

오늘날 한국 교회가 디아코니아 사역을 제대로 수행하기 위해서는 신약성서에서 제정한 집사직을 다시 살펴볼 필요가 있다. 디아코니아를 전적으로 수행했던 집사직의 기능을 재발견하여, 디아코니아 사역의 본질을 회복해 나가야 한다.

신약성서에서 교회 공동체의 디아코니아 활동은 집사직을 제정하도록 만들었다. 초대교회가 행한 디아코니아 사역은 두 가지로 나타난다. 하나는 교회 공동체가 가난한 자를 위해 모금과 헌금을 하는 것이며, 다른 하나는 사도들의 직무 활동이었다(행 1:17, 12:25, 20:24, 21:19).

초대교회는 디아코니아를 예수의 사랑을 실천하기 위한 섬김의 직무와 동시에 말씀을 선포하는 일을 돕는 일로 이해하면서, 디아코니아를 수행할 집사(디아콘, Deacon)의 직제를 수립하였다. 그러므로 본래 집사의 직무는 말씀을 섬기는 일과 사회적 약자를 구제하고 돌보는 섬김이라고 할 수 있다(행 6:8, 8:4-5, 11:19). 초대교회는 둘 중 어느 하나를 더 중요하게 여기거나 이분법적으로 구분한 것이 아니라,

공동체 안에서는 말씀의 영성을 위한 일을 섬기도록 하고, 외부적으로는 구제를 섬김의 실천이 밀접하게 연관됨을 강조하였다(롬 16:1-2 참고).

칼빈은 집사직을 교회의 독립된 직무로 확실히 인정하면서, 집사의 위상을 하위에 놓거나 종속적인 위치에 놓지 않았다.[140] 그러므로 집사 직분을 장로가 되는 준비 단계 정도로 보는 인식을 버리고, 집사의 본래적 직무는 디아코니아를 위한 특정한 직책이라는 것을 다시 일깨우고, 이들의 기능과 역할을 교육목회적 차원에서 새롭게 정립해 나가야 한다.

디아코니아 정신: 서번트 리더십(Servant Leadership)

초대교회가 보여준 것은 서번트 리더십(servant leadership)이다. 이것은 '그리스도의 몸'이란 교회의 개념과 연관된다.

> 한 교회의 당회가 그 교회의 목사에게 불만을 표현했다. 그 목사가 사회봉사를 실행하지 않는다는 것이었다. 목사는 종이 되어 교인들을 섬겨야 하는데 그 일이 목사의 직무가 아니라고 생각한다는 것이다. 눈이 오는 날 교회로 들어가는 길의 눈을 치우는 일, 겨울에는 미리 교회당에 와서 난방을 틀고 교회당을 따뜻하게 해놓는 일, 주방에 봉사할 집사가 없을 때는 주방에 들어와 설거지하는 일, 마실 물을 사다 놓는 일 등을 하지 않는다고 불평을 하였다. 목사는 주의 종이기 때문에 이런 일

---

140) 김옥순, 『디아코니아 입문』, pp. 146-147.

들을 당연히 해야 한다고 여긴다.

서번트 리더십은 위에서 열거한 일을 하는 것이 아니다. 이보다는 다른 의미를 가지고 있다. 서번트 리더십이란 모든 지체가 다 하나님이 주신 재능을 살려서 하나님의 교회와 세상을 섬기도록 도와주고 격려하는 시스템을 구축하는 것을 의미한다. 그런데 단순히 종처럼 교회의 궂은 일들을 하는 것이라고 오해해서는 안 된다.

가브리엘 모란은 디아코니아의 의미를 '함께 고통에 동참하는 것'을 의미하는 'Compassion', 즉 '불쌍히 여김'으로 설명한다. "그런데 이 '불쌍히 여김'은 '약한 사람들을 향한 동정이 아니라, 강한 것처럼 보이는 이들과 약한 것처럼 보이는 이들 사이의 공유를 의미하며, 고통의 공유는 강한 사람들의 약함과 약한 사람들의 강함을 드러내면서 상함과 약함 둘 다를 포함하는 새로운 의미이다"[141]라고 말한다. 다시 말하면, 강자가 약자들을 동정하여 도와주기만 한 것이 아니라, 강자도 역시 약자들을 통해 도움을 받을 수 있음을 의미한다.

디아코니아 실천: 환대

디아코니아를 실천하는 근거는 하나님의 사랑이다. 하나님의 사랑을 어떻게 실천할 것인가? 긍휼히 여기는 마음에서 출발해야 한다. 예수님은 사람들의 발을 씻겨주시고, 병자들을 치료하고, 가난한 자를 먹이는 것을 자연적이고 필수적인 것으로 보았다. 예수 그리스도의 관심은 언제나 고통당하는 자를 향해 있었다. 그들을 바

---

141) 마리아 해리스, 『교육목회 커리큘럼』, p. 180.

라보는 예수의 시선은 한마디로 '긍휼'이었다.

그것의 구체적인 실천은 다른 사람을 환대하는 것이다. 환대란 무엇인가? 사람을 따뜻한 마음으로 받아주고 품어 주는 것이다. 고대 근동지역에서는 환대가 일반적인 것이었다. 그것은 그 시대의 생존 전략이기 때문이다. 그 지역은 사막 지대이기 때문에 언제든지 누군가에게 도움을 부탁해야 할 처지에 빠질 수 있으므로, 환대가 누구에게나 베풀어지는 문화였다. 환대의 내용은 이렇다. 언제든지 도움을 청하는 나그네에게 3일 정도의 도움을 주는데, 발 씻을 물, 식사, 거처할 공간을 제공하는 것이다.

제4차 산업혁명의 거대한 도전이 우리의 삶을 송두리째 바꾸려 하고, 산업화와 기계화, 정보화가 신속하게 결과를 얻어 내게 하려는 문화를 낳는다. 이럴 때일수록 그리스도인들은 하나님의 말씀에 뿌리를 내리고, 남을 배려하고 돌아보는 환대를 중요한 그리스도인의 삶의 스타일로 자리 잡게 해야 할 것이다. 그렇게 할 때, 두려움으로 다가오는 4차 산업혁명 시대의 부정적인 면들을 극복할 수 있을 것이다. 우리 주위에 있는 여러 다양한 사람들을 하나님을 대하듯 섬기고 대접하며 사랑을 베풀고 나누는 환대의 목회가 미래의 두려움을 이기는 큰 힘이 되고, 한국 교회와 사회를 살리는 협동, 공존, 생명의 가치를 뿌리내리도록 할 것이다.

오필승은 아브라함이 창세기 18장에서 행한 환대는 신약성서의 마태복음이나 누가복음에 밀가루 서 말 속에 넣은 누룩과 똑같은 것이라고 주장하면서, 환대를 통하여 하나님의 나라가 온 세상에 퍼져나간다고 보았다.[142] 마리아 해리스도 환대는 곧 생명이라는 구조

---

142) 오필승, "『마을 목회 신학과 실천』을 내며", 오필승 엮음, 『마을 목회 신학과 실천』, pp. 27-28.

를 구축한다고 말한다.[143]

창세기 18장의 아브라함과 사라는 나그네를 환대하고 대접하다가 하나님의 천사를 대접하게 된다. 오필승은 아브라함과 사라가 행한 환대의 원리를 일곱 가지로 말한다. 그 일곱 가지는 1) seeing(대접하고자 하는 마음으로 유심히 바라보는 행동), 2) running to meet(만나기 위해 달려가는 행동), 3) honoring(존경을 표하는 행동), 4) inviting(초대하는 행동), 5) refreshing(새 힘을 얻도록 자신의 공간에서 쉬게 하는 행동), 6) preparing(음식을 준비하는 행동), 7) serving(낯선 이를 따뜻한 마음으로 대접하며 섬기는 행동)이다.[144]

낯선 사람을 하나님의 선물로 여기고 따뜻한 마음으로 받아들이고 먹을 것을 제공한 아브라함의 환대는 결국 하나님의 나라를 이루는 섬김과 봉사가 되었다. 이러한 환대는 식탁교제에서 극대화되고 이것은 성만찬으로까지 확대된다. 로마서 5장 10절 말씀처럼 '우리가 원수 되었을 때에 그의 아들의 죽으심으로 말미암아 하나님과 화목하게 되었다.' 우리는 예수 그리스도의 희생의 피로 하나님과의 관계를 회복했고, 성찬을 통해 이것을 기념한다. 여기서 '이것'은 빵과 포도주로 이루어진 성찬 이상의 의미를 가지고 있다. '이것'은 매일의 식탁 교제를 말한다. 그래서 함께 식탁 교제를 나눈다는 것은 "하나님 나라의 실존을 가장 친밀하게 경험하는 것"이고 동시에 "가장 기본적인 환대를 표현하는 것이다."[145] 낯선 사람을 따뜻하게 맞아 주고 품고 베풀어 주는 환대의 정신이, 오늘날 디아코니아를 위한 기본적인 마음이 되어야 한다.

---

143) 마리아 해리스, 『교육목회 커리큘럼』, p. 28.
144) 오필승, "『마을 목회 신학과 실천』을 내며", 오필승 엮음, 『마을 목회신학과 실천』, p. 27.
145) 크리스토퍼 스미스, 존 패티슨, 『슬로처치』, p. 301.

마지널리티 신학과 디아코니아

디아코니아 사역에서 빼놓을 수 없는 것이 '주변성'(Marginality)에 대한 신학적인 이해이다. 디아코니아가 관심을 두는 것은 중심이 아닌 주변이다. 주변성이란 개념은 미국의 드류 신학교 교수인 이정용의 '마지널리티'(Marginality)의 신학 이론에서 나타난다. 이 신학 이론의 핵심 개념인 '주변성'의 의미는, 사회의 중심부로부터 변화가 일어나는 것이 아니라 주변부로부터의 변화가 일어나 사회가 변화된다고 보는 것이다.[146] 그는 우리가 생각하는 것과 달리, 주변부부터 변화가 시작되어야 중심이 변할 수 있다고 주장한다.[147]

---

146) 중심부는 다양한 영역에서 중요하다고 여겨지는 집단이나 지역을 의미하는데, 예를 들어 경제·문화·교육·정치가 집중된 수도권 도시, 교육 평가 상위권의 핵심 대학, 한 국가나 사회의 중요계층이라 일컫는 사람들을 말한다. 주변부는, 그 반대로 누릴 것이 적은 시골의 작은 마을들, 교육 수준이 낮은 지역의 학교들, 소외되고 가난한 계층의 사람들을 가리킨다.

147) 문화적으로 인종적으로 상이한 사람들이 공존해야 하는 이 다문화 사회에서, 학자들은 앞으로 소수자들이 계속 늘어날 것으로 예측한다. 2000년 미국 인구 가운데 1/3이 소수 인종이었다. 이러한 추세라면, 앞으로 한 세기가 채 지나기 전에 소수 인종이 미국 인구의 다수를 차지할 것으로 본다. 사회적 흐름을 중심부 사람들이 주도하는 것이 아니라, 사회의 주변부에 있는 소수자들이 다수가 되어 사회의 흐름을 주도하게 되면, 지금과는 다

마지널리티 신학

이정용은 마지널리티 개념이 해석학적 원칙일 뿐만 아니라, 기독교 신앙의 중요한 핵심이라고 주장한다. 그는 기독교 신학이 바로 마지널리티 신학이고, 예수 그리스도 자신이 바로 마지널리티의 대표자라고 말한다.[148] 그리고 하나님이 예수 그리스도의 하나님이라면, 하나님의 백성들도 당연히 예수처럼 주변인들이어야 한다. 그래서 그는 이스라엘 역사나 기독교 역사를 마지널리티의 관점에서 재해석해야 한다고 주장한다. 또한 하나님의 백성들 모임을 교회 또는 그리스도의 몸이라고 하는데, 교회 역시 마지널리티 공동체로 새롭게 규정해야 한다. 그는 현대 교회가 지나치게 중심을 지향하는 것을 문제 삼으면서, 교회가 교회다워지기 위해서는 세상의 주변부에 위치해야 한다고 말한다. 주변성을 극복하기 위해서는, 주변부 사람들과 중심부 사람들을 새로운 주변성 속에서 창조적으로 변화시켜야 한다고 말한다. 그는 변화와 변혁은 중심부가 아닌 주변부에서만 일어날 수 있다는 점을 지적한다.

Marginality의 유형

이처럼 마지널리티 개념을 기독교 신학과 신앙의 중요한 요인으로

른 상황이 전개될 것이고, 이러한 상황에 대처하기 위해서는 기존의 신학과는 다른 신학을 제시해야 할 것이다. 이정용은 앞으로 도래할 이러한 상황에 대처하기 위해 마지널리티 개념을 제시하고, 마지널리티 신학을 주창한다.[Jung Young Lee, *Marginality-The Key to Multicultural Theology*(Minneapolis: Fortress Press, 1995), p. 1.]

148) Jung Young Lee, *Marginality-The Key to Multicultural Theology*, p. 4.

설정한 이정용은 다음과 같이 세 가지 유형을 제시한다.

'In-Between' 유형

첫째 유형은 'In-Between' 유형으로, 주변성이 둘 또는 그 이상의 주도적인 집단들에 의해 규정되는 경우이다. 이것은 전형적인 마지널리티에 대한 고전적인 정의이며 북미문화의 규준인데, 주변인을 부정적으로 본다. 주변부에서 중심을 지향하는 운동성을 보이는데, 중심성을 강조함으로써 주변성이 형성된다.

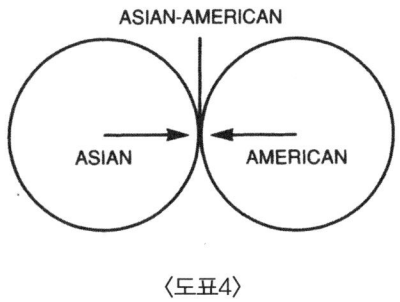

〈도표4〉

이 경우 주변인들은 사이에 존재함으로써 아무 곳에도 속하지 않는다. 주도적인 세계에도 속하지 못하고 자기 자신에게도 속하지 못한다. 그리고 여러 가지 정체성을 갖도록 강요당하고 고유한 자아 이미지를 박탈당한다. 또한 중심성에 대한 중심부의 주도적인 관점이 막강한 힘을 떨침으로써 주변인들은 정신적으로 분열된다.[149]

'In-Both' 유형

둘째 유형은 'In-Both'으로, 둘 또는 그 이상의 세계가 주변성으로

---

149) Jung Young Lee, *Marginality-The Key to Multicultural Theology*, 55f.

정의되는 경우이다.

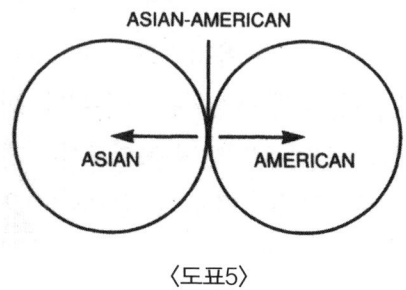

〈도표5〉

이 유형은 첫째 유형과 반대로, 마지널리티에 대한 정의가 중심부에서 주변부로 향한다. 이러한 주변성에 대한 정의의 변화는 역사적으로 불가피하게 일어났다. 경제적, 기술적, 정치적, 문화적, 그리고 종교적인 지구적 구조의 변화에 따라서 주변성에 대한 정의가 바뀌었다. 3세계 국가들에서 자유에의 의식이 고조되는 데에도 영향을 받았다. 특히 동아시아 국가들은 지난 20여 년 동안 경제적으로 두 배 이상 급성장했다.

변화의 둘째 요인은 인구의 급속한 증가이다. 특히 아시아-아메리칸들이 놀라울 정도로 증가했다. 소수인종이 급속히 증가함으로써, 미국 사회에서는 어느 특정한 부류가 사회를 주도적으로 이끌 수 없게 되었다. 그래서 첫째 유형, 즉 어느 특정한 집단이 중심을 형성하고 나머지는 주변부를 이루는 유형은 더 이상 지탱할 수 없게 되었고, 소수인들, 즉 과거 주변인들도 자신들의 영역을 확보할 수 있게 되었다. 미국은 백인 주도적인 사회에서 다문화·다인종 국가로

인식된다.[150]

'In-Beyond' 유형

마지막으로 셋째 유형은 'In-Beyond' 유형으로, 첫째 유형과 둘째 유형이 공존하는 경우이다.

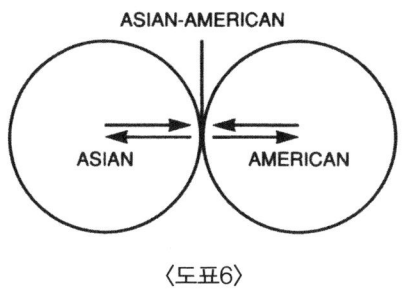

〈도표6〉

그런데 단순히 공존하는 것이 아니고 역동적인 운동성을 보인다. 소수인종들, 즉 주변인들은 사이에 낀 존재로서 양 세계로부터 고립되어 있지만, 그럼에도 첫째 유형과는 달리 두 세계에 다 속한다. 주변은 두 세계를 연결하는 역할을 한다. 그렇게 함으로써 새로운 주변성을 창조한다. 그래서 주변은 더 이상 고립되지 않고, 새롭고 창조적인 핵심으로 작용한다. 여기서 주변성은 중심성에 의해서 정의되지 않는다. 그리고 주변인들은 주도적인 세력에 의해서 정의되지 않는다. 그렇기 때문에 중심과 주변의 설정도 무의미해지고 중심과 주변이 서로 갈등을 빚지 않으며 둘이 화해한다.[151]

---

150) Jung Young Lee, *Marginality-The Key to Multicultural Theology*, 56f.
151) Jung Young Lee, *Marginality-The Key to Multicultural Theology*, 60f.

잔잔한 물가에 돌을 던지면, 그 돌로 인하여 물에 파장이 생긴다. 그 파장은 안에서 밖으로 멀리 나아간다. 그런데 좀 더 두고 보면, 잠시 후 그 파장이 밖에서 다시 안으로 들어오는 것을 확인할 수 있다.

주변성의 관점에서 이정용은, 이스라엘과 기독교의 역사야말로 주변부의 백성이 하나님의 구원의 역사를 이루어 가도록 부르심을 받은 역사라고 말한다. 대표적으로 아브라함과 사라가 하나님의 부르심을 따라 '주변부 사람'이 된 것을 들 수 있다. 하나님께서 두 사람을 중심부의 도시가 아닌 변두리의 주변부로 부르셔서 하나님의 구원 역사를 중심부로 전하게 하신, 선교적 명령이라고 설명한다. 같은 맥락에서 출애굽과 예수님의 탄생, 복음 사역을 이해해야 한다고 주장한다. 모두 중심지가 아닌 주변부에서 일어난 변혁과 구원의 역사이기 때문이다. 복음서에 등장하는 예수님의 행적도 주변지역인 베들레헴, 갈릴리, 가버나움을 거쳐 중심부인 예루살렘에 이르고 있다.

교회 공동체의 디아코니아 활동들

어린 시절 들은 동화 가운데 '우렁각시' 이야기가 있다. 어느 교회는 이 동화에서처럼 우렁각시가 많다. 아침에 교회에 들어서면, 누군가 일찍 와서 끓이는 커피 냄새가 가득하다. 예배당 안의 의자는 비뚤어지거나 사이사이 공간의 불균형이 없이 반듯하게 되어 있다. 지난주에 사용했던 성경책과 찬송가들이 제자리를 잘 찾아 정리되어 있다. 교인들 모두가 조용히 교회를 섬기고 드러내지 않는다. 그래서인지 교회가 항상 평화롭고 따뜻하다.

뉴저지 어느 교회에서 실천하고 있는 디아코니아 활동들을 소개한다.

영어 프로그램(English Program)
서로 다른 인종이 모여 사는 마을에서 모두가 함께 평화롭게 살기 위해서는, 그들에 대해 알아야 하고 대화를 해야 한다. 의사소통을 하려면 그들이 모두 영어를 말할 수 있어야 한다. 그래서 초급, 중급, 고급으로 영어 클래스를 만들어, 은퇴한 교인들이 교사가 되어 오전과 오후로 운영한다. 이 프로그램을 운영하는 목적은, 모든 인종이 영어로 대화를 나누고 소통함으로써 갈등을 해소하고, 이 마을에서 함께 평화롭게 살아갈 수 있도록 하기 위해서이다.

가정 폭력 피해 여성들의 쉼터(Shelter)

어느 교인이 돌아가시면서, 자기의 재산 중 작은 집 한 채를 교회에 기증하였다. 교회는 여러 논의를 거쳐, 그곳을 가정 폭력으로 시달리는 여성들의 쉼터로 만들기로 했다. 작은 집이어서 많은 인원을 수용하기는 어렵지만, 가정 폭력으로부터 여성들과 아이들을 보호하고 교인들이 이 일에 봉사하며 그들을 돌보고 있다.

떡과 물고기(Loaves & Fishes)

이 교회는 홈리스(Homeless)들을 위해 매주 월요일마다 점심을 제공한다. 한 교회만으로는 매일 점심을 줄 봉사 인력과 자금이 부족하기 때문에, 다른 교회들과 연합해서 여러 교회가 순번을 정하여 홈리스들에게 점심을 해준다. 홈리스들은 건강하지 못하여 일하지 못하는 경우도 있으나, 대다수는 정신적인 문제로 자립하여 생활할 수가 없고, 일할 의지도 갖지 못하는 경우가 많다. 그래서 그들에게 식사를 제공할 뿐만 아니라, 그들이 정신건강(mental health)을 위한 상담과 도움을 받아 정신적인 치료를 받아 점점 자기의 생활을 영위해 나갈 수 있는 힘을 기르게 해준다.

외국인 노동자를 위한 임금 대납

교회에는 외국인 노동자들, 특히 불법 체류 노동자들의 인권을 보호하고 그들이 부당한 대우를 받지 않도록 힘쓰는 소그룹이 있다. 불법으로 체류하면서 일하는 외국인 노동자들은 일하고 그에 대한 임금을 받지 못하는 경우가 많다. 위원회에서는 변호사와 더불어 그들의 어려움을 상담해 주고, 받지 못한 임금을 심사 후에 대신 지불해 준다.

아프리카 선교를 위한 바자회

매년 1회 교회 마당에서 바자(Bazaar)를 실시한다. 여러 단체의 후원도 받고, 교인들은 자기들이 쓸 만한 물건들을 가지고 와서 테이블 위에 놓고 오후까지 팔아 그것을 헌금하여 선교기금을 마련한다. 그것으로 아프리카의 어린 학생들이 미국에 탐방 오는 비용을 마련하기도 하고, 현지 선교를 위해 사용하기도 한다.

추수감사절 디너(dinner)

추수감사절은 미국의 가장 큰 명절 중 하나이다. 이때는 전국 각지에 흩어져 있는 가족과 친지들이 함께 모인다. 이날에 홀로 식사하는 사람은 없다. 그러나 외국인, 혼자 사는 이들은 가족들이 없으므로 외롭게 지낼 수밖에 없다. 교회는 추수감사일 저녁에 칠면조를 굽고, 크랜베리 소스를 만들고, 옥수수, 고구마 등 추수감사절 음식을 마련하여 주변 사람들을 초대하여 함께 저녁을 먹고 즐긴다.

연례 정기 바자(Bazaar)

매년 가을에 정례적으로 실시하는데, 이때 나오는 계절 과일들로 잼을 만들고, 미국인들이 좋아하는 스프(soup)와 간단한 음식을 만들어 판매한다. 이때 큰 홀에서는 댄스파티(dance party)를 한다. 마을 사람들은 판매하는 음식을 사서 큰 홀에서 함께 음식을 나누고, 함께 댄스를 하면서 경품게임도 하는데, 이런 일들을 통해서 교회는 이웃과 지역사회와 친밀한 관계를 구축한다.

미래의 과제: 경계를 허무는 디아코니아

교회의 목적은 교회 건물 안으로 사람들을 불러모으는 것이 아니다. 오히려 내 주위의 형제와 자매와 이웃, 심지어 원수까지 사랑하는 그리스도의 몸 된 자로서 사는 삶을 일구어 가야 한다. 사람들을 '너는 우리 편', '너는 반대편'이라는 식으로 나누는, 교회의 위계적이고 이분법적인 사고방식으로는 그리스도의 사랑을 표현할 수 없다.[152] "담장을 잘 쌓아야 좋은 이웃이 된다"는 말이 있다. 『슬로처치』의 저자는, 어떤 신학이든지 환대의 대상을 확장해 가는 것을 꺼리는 신학이라면, 그 신학은 온 인류를 향한 하나님의 사랑과 화해를 깊이 고려하지 못한 신학임이 분명하다고 말한다.

디아코니아의 실천은 교회 담장을 넘어서 밖으로까지 나아가야 한다. 그래서 고통받는 모든 이들을 향한 긍휼의 실천, 돌봄의 사역이 되어야 한다. 디아코니아 실천이 교회 공동체의 정체성을 일깨우고 교회 내부로만 제한될 것이 아니라, 온 세계를 향하신 하나님의 선교에 참여하는 섬김과 봉사가 되어야 할 것이다.

---

152) 크리스토퍼 스미스, 존 패티슨, 『슬로처치』, p. 55.

담장 고치기

> – 로버트 프로스트

담을 쌓기 전에 난 알고 있었지
담장을 쌓아서 무엇을 넣고 무엇을 내보내야 하는지
그리고 내가 누구의 감정을 해치게 될 것인지를
담장을 좋아하지 않는 무엇인가가
담장을 무너뜨리고 싶어 한다! [153]

---

153) 크리스토퍼 스미스, 존 패티슨, 『슬로처치』, p. 56.

그룹 토의

1. 현재 교회가 하고 있는 디아코니아 활동들을 조사해 보라. 그리고 위에서 언급한 디아코니아의 형태 중에서 실행하고 있는 것과 실행하지 못하고 있는 것을 찾아보라. 만약 실행하지 못하는 형태가 있다면, 그 이유는 무엇인가? 그리고 그것을 실행할 수 있게 하는 방법을 찾아보고 제시하라.

2. 디아코니아를 개인적이고 사적인 영역으로 행하면 안 된다. 교회가 실천해야 할 사회적이고 공적인 영역으로 이해해야 한다. 한국 교회가 디아코니아를 사회적이고 공적인 사역으로 인식을 바꾸기 위해서 해야 할 일들을 토론하라.

3. 디아코니아의 형태인 사회적 돌봄, 사회적 의식, 사회적 능력 부여, 사회적 입법에 대하여 생각해 보고, 그것들을 현재 한국 교회에서 적용할 가능성이 있는지 토론해 보라.

신앙 공동체를 위한 교육목회 이론과 실천
교회 · 교육 · 실천

1판 1쇄 인쇄 _ 2019년 8월 25일
1판 1쇄 발행 _ 2019년 8월 30일

지은이 _ 엄순희
펴낸이 _ 이형규
펴낸곳 _ 쿰란출판사

주소 _ 서울특별시 종로구 이화장길 6
편집부 _ 745-1007, 745-1301~2, 747-1212, 743-1300
영업부 _ 747-1004, FAX 745-8490
본사평생전화번호 _ 0502-756-1004
홈페이지 _ http://www.qumran.co.kr
E-mail _ qrbooks@gmail.com / qrbooks@daum.net
한글인터넷주소 _ 쿰란, 쿰란출판사
등록 _ 제1-670호(1988.2.27)
책임교열 _ 신영미 · 이화정

ⓒ 엄순희 2019 ISBN 979-11-6143-290-8 93230

책값은 뒤표지에 있습니다.
이 출판물은 저작권법에 의해 보호를 받는 저작물이므로 무단 복제할 수 없습니다.
파본(破本)은 구입처에서 교환해 드립니다.